2020年“优秀通俗理论读物出版工程”

GZC 高校主题出版 2020 GAOXIAO ZHUTI CHUBAN

“读懂新时代”丛书

教育部组织编写

文化何以自信

沈壮海　等◎著

中国人民大学出版社

·北京·

总序 FOREWORD

经过长期努力，中国特色社会主义进入了新时代，这是中国发展新的历史方位。习近平总书记鲜明指出："这个新时代，是承前启后、继往开来、在新的历史条件下继续夺取中国特色社会主义伟大胜利的时代，是决胜全面建成小康社会、进而全面建设社会主义现代化强国的时代，是全国各族人民团结奋斗、不断创造美好生活、逐步实现全体人民共同富裕的时代，是全体中华儿女勠力同心、奋力实现中华民族伟大复兴中国梦的时代，是我国日益走近世界舞台中央、不断为人类作出更大贡献的时代。"这一重大思想观点深刻表明，这个新时代不是别的什么新时代，而是中国特色社会主义新时代。这个新时代的历史任务就是一以贯之地坚持和发展中国特色社会主义，实现中华民族的伟大复兴。

中国特色社会主义，是改革开放以来党的全部理论和实践的主题，是中国共产党带领全体中国人民历尽千辛万苦、付出巨大代价取得的宝贵成果，也是当代中国取得一切成就和进步的根本原因。道路、理论、制度、文化是中国特色社会主义的四个支柱，也是中国特色社会主义的根本标志。

方向决定道路，道路决定成败。中国特色社会主义道路是实现中华民族伟大复兴的根本途径。这条道路来之不易，它是在改革开放40多年的伟大实践中得来的，是在中华人民共和国成立70多年的持续探索中得来的，是在我们党领导人民进行伟大社会革命90多年的实践中得来的，是在近代以来中华民族由衰到盛170多年的历史进程中得来的，是在世界社会主义500多年波澜壮阔的发展历程中得来的，是在对中华文明5 000多年的传承发展中得来的，具有深厚的历史渊源和广泛的现实基础。历史和现实充分证明，这条道路是实现社会主义现代化、创造人民美好生活、实现中华民族伟大复兴的必由之路，是当代中国大踏步赶上时代、引领时代发展的康庄大道。坚持中国特色社会主义道路，关乎国家前途、民族命运、人民福祉。

科学理论是推动工作、解决问题的“金钥匙”。中国特色社会主义理论体系是实现中华民族伟大复兴的行动指南。这一理论体系，是包含邓小平理论、“三个代表”重要思想、科学发展观、习近平新时代中国特色社会主义思想在内的科学理论体系，是马克思主义与当代中国实际和时代特征相结合的产物，是党和人民实践经验和集体智慧的结晶。实践证明，这一理论体系紧密结合我国改革发展实际，紧密结合新的时代条件，是立于时代前沿、与时俱进的科学理论，是指导党和人民沿着中国特色社会主义道路实现中华民族伟大复兴的正确理论。

制度是关系党和国家事业发展的根本性、全局性、稳定性、长期性问题。中国特色社会主义制度是实现中华民族伟大复兴的根本保障。这一制度，是党和人民在长期实践探索中形成的科学制度体系，是实现国家治理体系和治理能力现代化的根本依据；这一制度，坚持把根本政治制度、基本政治制度同法律体系、基本经济制度以及各方面体制机制等具体制度有机结合起来，坚持把党的领导、人民当家作主、依法治国有机结合起来，符合我国国情。实践证明，这一制度是当代中国发展进步的根本制度保障，是具有鲜明中国特色、明显制度优势、强大自我完善能力的先进制度。

文化是一个国家、一个民族的灵魂。文化兴国运兴，文化强民族强。中国特色社会主义文化是实现中华民族伟大复兴的精神动力。这一文化，源自于中华民族 5 000 多年文明历史所孕育的中华优秀传统文化，熔铸于党领导人民在革命、建设、改革中创造的革命文化和社会主义先进文化，植根于中国特色社会主义伟大实践，是以马克思主义为指导的，面向现代化、面向世界、面向未来的，民族的科学的大众的社会主义文化。实践证明，这一文化是激励全党全国各族人民奋勇前进的强大精神力量。

中国特色社会主义是道路、理论、制度、文化高度统一的，既把成功的实践经验上升为理论，又以正确的理论指导新的实践，还把实践中已见成效的方针政策及时上升为党和国家的制度，将中国特色社会主义文化贯穿于道路、理论、制度的形成发展过程中，为推进中国特色社会主义事业提供精神动力。所以，中国特色社会主义特就特在其道路、理论、制度、文化上，特就特在其实现途径、行动指南、根本保障、精神动力的内在联系上，特就特在这四者统一于中国特色社会主义伟大实践中。

党的十八大以来，习近平总书记多次强调，中国特色社会主义是社会主义而不是其他什么主义，科学社会主义基本原则不能丢，丢了就不是社会主义。中国特色社会主义，承载着几代中国共产党人的理想和探索，寄托着无数仁人志士的夙愿和期盼，凝聚着亿万人民的奋斗和牺牲，是近代以来中国社会发展的必然选择，是发展中国、稳定中国的必由之路。实践充分证明，中国特色社会主义是科学社会主义理论逻辑和中国社会发展历史逻辑的辩证统一，是根植于中国大地、反映人民意愿、适应中国和时代发展进步要求的科学社会主义，是中国共产党和中国人民团结的旗帜、奋进的旗帜、胜利的旗帜。“历史已经并将继续证明，只有社会主义才能救中国，只有坚持和发展中国特色社会主义才能实现中华民族伟大复兴。”

当今世界正经历百年未有之大变局，当代中国正处于实现中华民族伟大复兴的关键时期。习近平总书记指出：“实现中华民族伟大复兴，必须坚定中国特色社会主义道路自信、理论自信、制度自信、文化自信。”改革开放以来，特别是党的十八大以来，我们对共产党执政规律、社会主义建设规律、人类社会发展规律的认识和把握不断深入，开辟了中国特色社会主义理论和实践发展的新境界，中国特色社会主义取得举世瞩目的成就，中国特色社会主义在21世纪的中国焕发出强大生命力。在新发展阶段，只有坚定“四个自信”，才能毫无畏惧面对一切困难和挑战，才能坚定不移开辟新天地、创造新奇迹。我们必须保持强大前进定力，既不走封闭僵化的老路，也不走改旗易帜的邪路，真正做到“千磨万击还坚劲，任尔东西南北风”。

为推进中国特色社会主义伟大事业，巩固坚实的思想基础，坚定中国特色社会主义“四个自信”，教育部组织编写了“‘读懂新时代’丛书”，目的在于阐释中国特色社会主义道路、理论、制度、文化的理论逻辑、历史逻辑和实践逻辑，深刻阐明新时代坚持和发展中国特色社会主义的重大意义，坚持不懈用习近平新时代中国特色社会主义思想铸魂育人，深入推动党的创新理论进教材、进课堂、进头脑，培养担当民族复兴大任的时代新人。

“‘读懂新时代’丛书”是在教育部党组书记、部长陈宝生直接领导，党组成员、副部长翁铁慧具体指导下，由教育部社会科学司组织编写，经国家教材委员会专家委员会审核通过的高校思想政治理论课教学辅助读物。希望本套丛书的出版，能够更好地帮助广大青年学生增强“四个意识”，坚定“四个自信”，做到“两个维护”，深刻认识中国共产党为什么能、马克思主义为什么行、中国特色社会主义为什么好、中华文化为什么兴，坚定听党话、跟党走的自觉，把爱国情、强国志、报国行自觉融入坚持和发展中国特色社会主义事业、建设社会主义现代化强国、实现中华民族伟大复兴的奋斗之中，使青年学生努力成长为德智体美劳全面发展的社会主义建设者和接班人。

引言 PREFACE

在习近平总书记和党中央坚强领导下，全党全国各族人民团结一心、奋勇拼搏，取得全面建成小康社会伟大历史性成就，14 亿多中国人民实现了中华民族憧憬千年的美好社会梦想，在中华民族发展史和人类文明发展史上铸就了一座巍峨的丰碑。置身“两个一百年”奋斗目标的历史交汇期，新时代的中国人民以更加坚定的信心、更为豪迈的气概、更显铿锵的步伐，开启了全面建设社会主义现代化国家、实现中华民族伟大复兴中国梦的历史新征程。

沿着复兴之路接续奋进的中国人民，应更加重视中国特色社会主义文化建设。文化是我们统筹推进“五位一体”总体布局、协调推进“四个全面”战略布局的重要内容，是贯彻新发展理念、推动高质量发展的重要支点，是满足人民日益增长的美好生活需要、丰富人民精神世界、提升人民精神素养的重要因素，是筑牢全党全国各族人民团结奋斗的共同思想基础、凝心聚力引领中华民族战胜前进道路上各种风险挑战的重要精神力量。“中国特色社会主义是全面发展、全面进步的伟大事业，没有社会主义文化繁荣发展，就没有社会主义现代化。”习近平总书记就“十四五”规划的编制问题与专家座谈时明确阐述的这一重要论断，深刻突显了文化与文化建设在党和国家事业全局中的关键地位、战略作用。基于中国特色社会主义文化发展在民族复兴征程中的地位作用，基于新时代中国特色社会主义文化建设取得的阶段性辉煌成就，党的十九届五中全会庄严提出了到 2035 年建成文化强国的宏伟目标。

中国特色社会主义的发展离不开文化的支撑，而当代中国文化的繁荣兴盛有赖于全体中国人民的高度文化自觉和坚定文化自信。党的十八大以来，以习近平同志为核心的党中央将中国特色社会主义文化自信与道路自信、理论自信、制度自信并提，以“四个自信”的系统架构，为新时代中国特色社会主义现代化伟业汇聚着源源不竭的信心信念。在“四个自信”中，文化自信的地位、价值、意义、作用尤其突出。与道路、理论、制度自信相比，文化自信是更基础、更广泛、更深厚的自信，文化自信是助推国家发展和民族复兴更基本、更深沉、更持久的力量。我们坚定中国特色社会主义道路自信、理论自信、制度自信，说到底是要坚定文化自信。正如习近平总书记深刻指出的，没有高度的文化自信，没有文化的繁荣兴盛，就没有中华民族伟大复兴。

那么，究竟什么是文化自信呢？文化自信，是一个国家、一个民族对自身文化价值的充分肯定，对自身文化生命力及发展前景的坚定信念。而在当代中国，我们所坚持和弘扬的文化自信，本质上就是中国特色社会主义文化自信，就是对中国特色社会主义文化价值、生命力与光明前景的信心信念。中国特色社会主义文化，源自于中华民族五千多年文明历史所孕育的中华优秀传统文化，熔铸于党领导人民在革命、建设、改革中创造的革命文化和社会主义先进文化，植根于中国特色社会主义伟大实践。坚定中国特色社会主义文化自信，就是要立足中国特色社会主义伟大实践，做到："不忘本来"，推动中华优秀传统文化的创造性转化与创新性发展；"吸收外来"，批判借鉴、转化人类文明发展的一切优秀成果；"面向未来"，推动中国特色社会主义文化的繁荣进步，提升国家文化软实力，建设社会主义文化强国。

坚定的文化自信始终建立在清醒的文化自觉的基础之上。这种自觉，包括对文化及文化自信相关重要理论问题的深入思考和理性解答。比如，文化自信到底如何作用于国家和民族的发展？为什么说文化自信才是"说到底"的自信？应当如何把握当代中国文化自信的本质？当前我们是否已经具备了文化自信的充足底气？如何进一步夯实和强化我们的文化自信？以上问题都是当代中国文化自信建设面临的重要理论与现实课题。着眼于这些问题，本书尝试对当代中国文化自信进行理论的阐释与实践的解析，以期引发读者对此更多、更深的思考。

目录 CONTENTS

01

第一章　文化自信何以“最根本”？

“文化是一个国家、一个民族的灵魂。文化兴国运兴，文化强民族强。没有高度的文化自信，没有文化的繁荣兴盛，就没有中华民族伟大复兴。”党的十九大报告中习近平总书记关于“坚定文化自信，推动社会主义文化繁荣兴盛”的阐释和部署言犹在耳。事实上，这早已不是总书记第一次如此强调文化自信的重要意义。早在 2016 年 6 月中共中央政治局第 33 次集体学习时，总书记就明确将文化自信与中国特色社会主义道路自信、理

文化是一个国家、一个民族的灵魂。文化兴国运兴，文化强民族强。没有高度的文化自信，没有文化的繁荣兴盛，就没有中华民族伟大复兴。要坚持中国特色社会主义文化发展道路，激发全民族文化创新创造活力，建设社会主义文化强国。

——习近平：《决胜全面建成小康社会　夺取新时代中国特色社会主义伟大胜利——在中国共产党第十九次全国代表大会上的报告》（2017 年 10 月 18 日）

论自信、制度自信并提，形成了为大家所熟知的“四个自信”。随后，总书记又在同年11月召开的中国文联十大、中国作协九大开幕式上指出，“文化自信，是更基础、更广泛、更深厚的自信，是更基本、更深沉、更持久的力量。坚定文化自信，是事关国运兴衰、事关文化安全、事关民族精神独立性的大问题”。这六个“更”和三个“事关”，足见文化自信的分量。“文运同国运相牵，文脉同国脉相连。”文化自信到底有多重要？为什么说新时代文化自信尤为不可或缺？在“四个自信”中为什么文化自信才是最根本的自信？回应这些问题，必须要从历史发展的时空境遇中看待中国文化的发展，准确把握文化发展与国家命运之间的深层关联。

十八大以来，习近平这样强调文化自信

一、听历史的诉说

《论语·述而》记载“子以四教：文、行、忠、信”，有人将其作为孔门四科。此外，后世也有学者将德行、政事、文学、言语视为孔门四科，孔子门徒之中，颜渊、子路、子游、宰我等分别为这四科之佼佼者。儒家的教育观在一定程度上体现了中国古代教育思想之成熟。

处于一定文化场域中的人们，总会基于他们对自身文化系统的认知和评判，而形成特定的、关于自我文化的群体性的心理状态与情感反映，这就是文化心态。对于任何一个国家和民族而言，其文化心态的确立显然是建立在其文化发展基础上的，也就是说，通常情况下，文化发展的高势位和文明成就的显优势便对应着相对积极乐观的文化心态，反之则对应着相对消极悲观的文化心态。但同时也要看到，文化发展和文明成就同文化心态的关联不仅仅是前者对后者单方面的作用。事实上，国民的文化心态也会反过来对国家和民族的文化发展甚至国运产生重大的影响。纵览古今中外，从诸子争鸣的百花齐绽放到汉唐繁华的声名远扬播，从希腊文明的智慧众贤达到文艺复兴的璀璨若星辰，人类文明发展史上每一个“高光时刻”，必不缺少文化自信的精神基石。

回首中华文明史，其历史悠久，以文脉之赓续不绝傲然于世。1764年，法国思想家伏尔泰在其代表作《哲学辞典》中赞叹道：“在4 000年前，在我们甚至还不能阅读时，中国人已经知道了我们现在用以炫耀的全部及其有用的东西了。”[①] 中华文化以其历史成就之历久而璀璨令世界瞩目。优美深邃的语言文字，炉火纯青的文学艺术，古老而智慧的教育思想，博大且深刻的哲学伦理，领先于世界的科学技艺等，无一不向世界昭示着中华文化辉煌的成果。《诗经》《楚辞》开古代诗歌之源，汉赋气度壮阔，唐诗宋词异彩纷呈，元杂剧、明清小说代代相传、各领风骚。独具特色的绘画、书法，匠心独运的雕塑、建筑，应世而鸣的音乐、戏曲，无不体现着中国人虚实相生的非凡艺术风格。中华民族的悠久历史是各民族共同书写的，中华民族的灿烂文化是各民族共同创造的。习近平总书记深刻指出：“中华文化是各民族文化的集大成。”[②] 伟大史诗如《格萨尔王传》《玛纳斯》《江格尔》等，在中华民族创造的文化宝库中光彩夺目。同时，各民族的文化创造交融互通，共同繁荣。“洛阳家家学胡乐”与“万里羌人尽汉歌”，生动展示了中华民族多元文化的互鉴盛况。文化的传承与教育活动，也始终与史偕行，弦歌不辍。《尚书·尧典》记载，虞舜命夔典乐，教人“直而温，宽而栗，刚而无虐，简而无傲”，提出了明确的教育目标；后世儒家“六艺”之教育内容、有教无类之教育原则、因材施教之教育方法等，令中国人受用至今。周朝赋旧邦以新命，以礼乐治天

① 何兆武，柳卸林. 中国印象：外国名人论中国文化. 北京：中国人民大学出版社，2011：54.

② 习近平. 在全国民族团结进步表彰大会上的讲话. 人民日报，2019-09-28.

下，形成了“郁郁乎文哉”的文化景象；春秋战国时期百家争鸣，促进了中国人在伦理道德、辩证思维、逻辑思维等方面发展成熟，浚通了中国文化长河的源头活水。此外，诚如英国现代生物化学家、科学技术史专家李约瑟所言：“中国科学的滚滚洪流尚未像其他文化河流一样，汇入当代科学的海洋之前，我们已经目睹了中国人在各领域取得的卓越成就。”[①]以四大发明为代表的中国古代科技，在天文、农业、中医药、化学、工程等方面的杰出成就，不但促进了华夏文明的进步，而且推动了世界文明的发展。

无论文明开化之早、声名文物之盛，还是文脉承传之久、文德惠泽之远，中华文化都卓然于史，推动了人类文明进程，这就赋予了我们高度的文化自觉和骄傲的文化自视。这种自我文化上的优越感，从我们“中华”“华夏”的自我称谓中亦可窥见。陈登原在其《中国文化史》开篇的“国名诠释”的考证研究中做出如下总结：“盖以‘华’自诩，犹以‘夏’自称，犹以‘中’自勉。国于大地，必有与立。中也，华也，夏也，亦吾先民所啧啧自诩，斤斤自号，黾黾自勉，而为文化之胚胎者。”[②]在数千年的文明发展史中，高度的文化自信心，一

> 意大利数学家杰罗姆·卡丹于1550年最早提出中国的“三大发明”——磁罗盘、印刷术和火药是“整个古代没有能与之相匹敌的发明”。马克思指出：“火药、指南针、印刷术——这是预告资产阶级社会到来的三大发明。火药把骑士阶层炸得粉碎，指南针打开了世界市场并建立了殖民地，而印刷术则变成了新教的工具，总的来说变成了科学复兴的手段，变成对精神发展创造必要前提的最强大的杠杆。”而后，英国汉学家艾约瑟在比较中日文明时，将造纸术归入其中。这一观点后被李约瑟发扬。

① 李约瑟. 中国古代科学. 李彦，译. 上海：上海书店出版社，2001：12-13.
② 陈登原. 中国文化史（一）. 沈阳：辽宁教育出版社，1998：7.

方面是中华文化卓然成就的应然结果，另一方面又在激发中华文化进一步创新创造、书写出文化发展新的华彩篇章的过程中，起到了不可或缺、极其重要的作用。

以中国有历史记载的发展历程来看，文化实践的大辉煌必对应着文化自信的高峰，最具代表性的当属汉唐时代。鲁迅先生曾对汉唐盛世国民的整体文化心态有过这样的一段赞誉：“遥想汉人多少闳放，新来的动植物，即毫不拘忌，来充装饰的花纹。唐人也还不算弱，例如汉人墓前石兽，多是羊，虎，天禄，辟邪，而长安的昭陵上，却刻着带箭的骏马，还有一匹驼鸟，则办法简直前无古人……汉唐虽然也有边患，但魄力究竟雄大，人民具有不至于为异族奴隶的自信心，或者竟毫未想到，凡取用外来事物的时候，就如将彼俘来一样，自由驱使，绝不介怀。”①他觉得唐代的文化观念，很可以做我们现代的参考，那时我们的祖先对于自己的文化抱有极坚定的把握，决不轻易动摇他们的自信力；同时对于别系的文化抱有极恢廓的胸襟与极精严的抉择，决不轻易崇拜或轻易唾弃。这正是我们目前急切需要的态度②。这也就是为何“汉唐两代实为铸成中国民族性刚柔相济、能屈能伸之两大时代”③的奥秘所在，其政治的稳定、经济的强盛与文化的繁荣，都建立在其自信、开放、包容的精神特质之上，归根到底，也就是有着高度的文化自信。

由汉唐进至两宋，中华文化进一步发展。宋代文化成为中华文明史上的又一发展高峰。宋人在诗、词、散文等文学体裁上及书画艺术等方面都创造出了超越前人的成就，展现着宋代文化的创新能力和创造锐气。以王安石、苏轼、黄庭坚为代表的江西诗派的民本精神，以陆游、杨万里、范成大为代表的爱国诗人的家国情怀，都体现着宋诗的独特风韵。继万花竞

① 吴晓明，王德峰. 鲁迅文选. 上海：上海远东出版社，2011：112.

② 孙伏园. 鲁迅先生二三事. 长沙：湖南人民出版社，1980：23.

③ 贺昌群. 贺昌群文集：第 3 卷. 北京：商务印书馆，2003：135.

放、奇彩纷呈的唐诗之后，宋代词作异军突起，蔚为大观。以欧阳修等为代表的宋代散文家，更是在“唐宋八大家”中雄踞六席。以周敦颐、二程、张载、朱熹等为代表的一大批理学家“出入释老，归本孔孟”，把中国传统思想文化推至空前的发展高度。这些都充分见证着宋人激昂向上的文化创造精神。

明清之际，中华传统文化虽然在某些方面仍有发展，但在总体上已进入由兴而衰的迟暮期。至清末，文化的衰落已彻底由里及表体现于社会发展的全方位。近代中国国力的衰微和国运的多舛，又进一步加剧了国民文化心态的崩塌。在西方文化面前的自愧不如，以及将其置换中华文化用以自救，成为那个时代十分有代表性的观点：“我们必须承认自己百事不如人，不但物质上不如人，不但机械上不如人，并且政治、社会、道德都不如人。”[①]“从文化发展上看去，不但是三千年来欧洲人所处的地位，已比我们为优，就是他们在文化阶级上，自从文艺复兴和宗教改革以后，也比我们高了几级”，“假使中国要做现代世界的一个国家，中国应当彻底采纳而且必须全盘适应这个现代世界的文化”[②]。曾经长期饮誉风流的中华文化遭遇无情诘问，曾经的“文化丽人”在不少人眼中沦为“叫化的婆子”[③]，迷于西潮、疑于传统、惑于前路，一度成为国人中广泛存在的文化心态。文化心态的崩塌进一步加剧了中国文化的惨境：“以数千年之古国，东亚文明之领袖，曾几何时，乃一变而北面受学，称弟子国。天下之大耻，孰有过于此者乎！”[④]

文化心态上的如此巨大转变，对近代以来中国的发展产生着深刻且长久的影响。尽管在后来的发展进程中，中国一直在试图努力摆脱这种“自

① 胡适. 请大家来照照镜子. 生活，1928，3（46）.
② 陈序经. 东西文化观. 北京：中国人民大学出版社，2004：215，204.
③ 方志敏. 可爱的中国 // 方志敏. 方志敏文集. 北京：人民出版社，2012：130.
④ 胡适. 胡适文集：第 9 卷. 北京：北京大学出版社，1998：666.

败”的影响，尽管近代以来的中国人正是靠不服输的顽强奋斗彻底改写了自己积贫积弱、被动挨打的命运，但客观而言，至今仍不乏有人常常在传统与现代、东方与西方、民族与世界各种文化的交织、碰撞、冲突和抉择中陷入迷茫，不自觉地跌回到文化不自信的情绪之中。如何从根本上摆脱近代以来文化“自败”的心理影响，纠偏文化心态，确立坚定的文化自信，成为事关当代中国社会主义文化发展，乃至中国特色社会主义现代化建设的重大问题。

二、观世界的图景

推进文化的繁荣创新，增强文化的内外吸引力，进而增进文化发展的自信，不仅是中国特色社会主义建设的重要内容，也是当今世界范围内国力发展和相互角力中所表现出来的突出的时代性课题。

三十年前，军事、科技和经济实力都可以与美国相抗衡的苏联，在没有任何外部武力作用的情况下自行崩溃瓦解，长达数十年的两强争霸终以苏联的解体而宣告结束。个中原因虽然众说纷纭，但可以肯定的是，与美国对其进行的长期文化渗透直接相关。冷战时期美总统里根声称，美苏全球冲突的最后决定力量将不是炸弹和火箭，而是意志与思想，他表示要通过思想和信息的传播来影响苏联民众，特别是在大众生活领域，用美国流行文化赢得苏联民众。美国前总统尼克松所著的《1999：不战而胜》（1988 年）和华盛顿政府知名智囊布热津斯基所著的《大失败：二十世纪共产主义的兴亡》（1989 年），都论及了如何通过文化的传播彻底瓦解社会主义阵营的战略思路。从 20 世纪 50 年代开始，美国就确定了对苏文化传播的基本政策，明确提出其目的是鼓励“对莫斯科的对抗”。1959 年，美国与苏联签订了《美苏文化交流协议》，以文化为突破口打开了苏联的国门。此后的十几年间，表面上无政治立场和意识形态对立的“文化交流”，包括人员交流、教育交流、文艺交流、信息服务、社团与机构之间的联系等逐渐深入。这些文化交流活动大都是由美国政府支持的，其中美国中央情报局就是资助和组织这一系列文化活动的重要幕后推动者。在大众文化领域，20 世纪 80 年代以后，西方流行文化更是以其鲜明的大众性特点对苏联民众发挥着作用，两大阵营的龙争虎斗、剑拔弩张丝毫阻碍不了大批苏联及东欧青年对西方流行文化的热衷。西方流行音乐、影视等文化产品充分迎合了青年人去陈求新的心理需求，迅速抢占了苏东青年们的娱乐生活空间，发展成为很多民众精神生活的主流。这样的文化交往借以文化的贸易和交互，隐性地向社会主义世界推销美国的生活方式、价值观念和意识形态，宣扬其制度的优越性，是其"攻心为上"战略的重要形式。在西方流行文化长期的渗透之下，一大批苏东青年逐渐表现出对西方文化价值的认同和对西式生活方式的向往。美国如此之文化传播与渗透，其过程是渐进的，手段是温和的，结果却是令人震撼的，这也就是美国学者克拉克·S. 贾吉所说的，"从文化实力的层面看，美国……是一个极具破坏性的，甚至可以使别国发生彻底变革的、具有全球性影响力的国家"①。不仅是对社会主义世界，事实上，深谙文化扩张之道的美国，长期以来凭借其有效的全球文化传播战略，已形成强大（甚至是强势）的文化影响力，其中美国流行文化便是华盛顿政府全球软实力战略的重要组成部分。美国前总统奥巴马主张运用兼具硬实力与软实力双重内容的"巧实力"来积极开展美国外交，维护美国利益。素有"文化斗士"之称的美国总统特朗普，更是注重美国文化软实力的维护和提升，2017 年特朗普任期内第一份《国家安全战略报告》第四部分《扩大美国影响力》的重要内容，就是"捍卫美国价值观"。

① 白锋哲. 美国的文化霸权：21 世纪主宰全球的希望所在？. 国外社会科学文摘，2002（4）.

随着文化的力量与较量受到越来越普遍的重视，世界各国也越来越注重在国家层面推动本民族文化的发展，打造本民族文化的国际影响力，纷纷制定实施各种政策法规，把提升本国文化软实力上升到国家战略的高度。

英国积极提振文化软实力的举措，突出体现于该国政府对文化创意产业发展的高度重视上。作为最老牌工业化强国的英国，在进入后工业时代谋求产业结构转型的过程中，将文化创新视为重要驱动，率先提出“创意产业”（Creative Industries）概念，其核心理念即是通过鼓励文化内容的创新形成本国文化产业的核心竞争力，进而扩大其本土文化在全球的吸引力与影响力。从税法到各种制度，英国都大力吸引和鼓励人才加入创意产业领域，目前英国的创意产业已成为其吸纳就业的第一大产业。2014 年创意产业为英国创造了 841 亿英镑的总增加值，到 2017 年这一数字增至 1 015 亿英镑，占英国 GDP 比重超过 5%。2016 年 6 月，英国举行“脱欧”公投，为避免其文化强国地位受影响，于 2016 年 7 月开始执政的特蕾莎・梅内阁积极推动文化政策的制定，强调要继续将创意产业作为发展突破口，全面推动各领域文化的繁荣与发展，巩固英国的世界文化强国地位[①]。2017 年 3 月，英国政府推出关于数字革命的纲领性文件《英国数字战略》，提出要把数字部门的经济贡献值从 2015 年的 1 180 亿英镑提高到 2025 年的 2 000 亿英镑。根据美国南加州大学外交研究中心联合英国波特兰公关公司发布的《2018 年全球软实力研究报告》，英国成为当今全球最具软实力影响力的国家[②]。

另一欧洲传统制造业强国德国，也将文化发展置于十分突出的国家战

① 英国脱欧后发布首个文化政策报告：创意产业将作为发展突破口. 中外文化交流，2017（1）.

②《2018 全球软实力报告》显示，中国国际参与度上升，美国软实力继续减弱.（2018-07-12）. http://www.mofcom.gov.cn/article/i/jyjl/m/201807/20180702765568.shtml.

略位置上。21 世纪以来德国政府一系列规划布置和政策推进，都显示了其繁荣发展国家文化的坚定意志。2011 年，德国颁布的《全球化时代中的对外文化政策》指出，提供文化对话和教育是保证政治和社会稳定的基本要素。2016 年，德国文化与创意产业事务中心成立，其核心工作包括扶持文创产业与其他行业的合作，大力宣传并推介文化创意产业的创新力，以及为文化创意产业搭建更多的联络与对话平台等，并提出“创客经济”“创意城市发展”等主题。近年来，德国政府致力于将首都柏林打造为“创业之都”，文化创意产业蓬勃发展。据统计，柏林有 1/10 的城市人口从事文化艺术相关职业。除此之外，德国传统老工业区——在欧洲乃至整个世界都享有极高知名度的鲁尔区，近年来也实现了从煤钢产业中心向文化创意创业中心的转型升级，被誉为欧洲的“文化之都”。

长期以来鲜明主张文化例外、倡导文化多样的法国，一直将文化视为其国家竞争力、吸引力和发展力的重要源泉。作为一个欧洲中等规模的国家，法国拥有的强大国际影响力与其文化软实力的强大密不可分，它是最早注重文化外交战略作用的国家之一。在提升文化软实力上，法国的战略是对内扶持本国文化产业，对外积极推动文化交流，以强化其文化的世界影响力。

俄罗斯长期以来一直注重文化保护传承以及创新发展，明确提出“重建世界对俄罗斯思想文化的兴趣”。民族文化复兴被俄罗斯视为“形成新的国家意识的前提”，确保其世界影响力、重振其大国雄风的重要基础。俄罗斯通过法律形式把文化发展政策的实施固定下来，取得了非常明显的效果。2016 年，俄罗斯文化部等部门在普京的大力推动下，出台了《2030 年前俄罗斯联邦国家文化政策战略》，使

坚定文化自信，建设社会主义文化强国

俄罗斯“国家文化战略”形成一个完整的体系，将“形成新的国家文化政策价值导向、保障国家文化安全、保护文化遗产和资源以及强化俄罗斯公民文化教育”作为该战略的总目标，全面开启了俄罗斯的文化复兴计划。2020年5月，“俄罗斯-1”电视频道播放了一段俄罗斯总统普京的采访影像，普京以自豪的口吻指出“俄罗斯不仅仅是一个国家，而且实际上是一个独立的文明：这是一个具有悠久传统、文化、宗教的多民族国家”。他在采访中对俄罗斯民众发出的“保护这一文明”的呼吁，传递其对俄罗斯文化软实力提振与文明发展的高度重视[①]。

不仅是欧洲，亚洲主要国家文化发展的战略意识也十分鲜明。素有“动漫王国”之称的日本，在1995年便发表《新文化立国：关于振兴文化的几个重要策略》报告，明确推出了其在新世纪的文化立国方略，2002年日本又适时提出知识产权立国战略，提出10年内把日本建成世界第一知识产权国。为此，日本21世纪以来修订、制定了多部相关法律、政策等文件助推该国的文化发展，如于2018年发布《文化艺术推进计划：活用文化艺术的多样性，创造未来（第1期）》等。另一个以举国之力助推文化发展并迅速提升其文化全球影响力的亚洲国家是韩国。自1998年正式提出“文化立国”方针，将其目标确定为“成为21世纪文化大国和知识经济强国”后，韩

日本文化输出以动漫为代表。《海贼王》《火影忍者》《名侦探柯南》《哆啦A梦》等作品陪伴了中国几代人的成长。孙悟空等原属中国古典名著《西游记》中的人物，在日本动漫之中被重新改写，传达着不同的文化思想与价值观念。图片为2018年7月“动漫原画特展——一支铅笔诞生的世界”中动漫《龙珠》原画特展的展品。

① 俄总统普京表示，俄罗斯文明的未来取决于高科技发展的成功 .(2020-05-20).http://www.mofcom.gov.cn/article/i/jyjl/e/202005/20200502968194.shtml.

国便开启了一系列文化发展的战略规划，出台了《21世纪文化产业的设想》等一系列法律法规，并持续推进实施，这为其迅速壮大文化产业，在全球文化激烈的竞争中谋得一席之地发挥了极其重要的作用。大家所熟悉的“韩流”，就是上述政策大力扶持之下的成果。在新世纪倾力打造“文艺复兴城市规划”（Renaissance City Plan）的新加坡，也提出借助文化建设提升城市核心竞争力的战略性规划。通过此战略规划的实施，新加坡极大地提升了其在多方面文化建设的水平，并借此成功地吸引到了人才、资金，显著提升了国际关注度。目前，这一战略规划之下的“文化艺术全球城市”（Global City for Culture and the Arts）的建设正在政府的大力推进之下积极进行。

此外，当前世界主要发展中国家在谋求国家发展与民族振兴过程中亦高度重视文化软实力建设。比如印度政府近年来不仅聚焦出版、电影、电视、广播等领域大力发展印度文化产业，而且注重通过广泛的特色文化外交，如在海外创办“瑜伽学院”、推动联合国设立“国际瑜伽日”等，积极提升印度文化的国际影响力。由此可见，当今全球范围内的文化竞争愈演愈烈已经成为无法忽视的现实。在此历史条件和时代浪潮之下，加快创新文化发展，拓展文化影响，展现文化魅力，提振我们的文化自信，建设文化强国，是今日中国之必然选择。

【释义】

“文化软实力”是国际软实力竞争的核心，代表着一个国家的“文化国力”。在国际范围内文化软实力竞争日趋激烈的局势之下，文化软实力承载着一个国家多维度、综合性的战略使命。硬实力孱弱的国家难以应对国际范围内的经济和政治博弈，而软实力薄弱，则会使一个国家陷入不战而自败的境地。因此，提高国家文化软实力，关系“两个一百年”奋斗目标和中华民族伟大复兴中国梦的实现。

三、应时代的发展

当前，中国特色社会主义进入新时代，随着中国经济社会的持续发展和物质实力的不断提升，我们对发展有了更全方位、更深层次的要求。习近平总书记反复强调创新之于发展的重要作用：“创新决胜未来，改革关乎国运”[①]，“综合国力竞争说到底是创新的竞争”[②]，“世界经济长远发展的

2020 年 9 月，印尼雅万高铁项目箱梁架设施工全面展开，项目施工进入攻坚阶段。雅万高铁项目是中国高铁全系统、全要素、全生产链走出国门的“第一单”，也是“一带一路”倡议的标志性工程和印尼国家战略项目。

① 习近平. 习近平谈治国理政：第 3 卷. 北京：外文出版社，2020：249.
② 抓住机遇立足优势积极作为 系统谋划“十三五”经济社会发展. 人民日报，2015-05-29.

动力源自创新”[①]。中国特色社会主义进入新时代，回应当前发展中的新特征、解决发展中的新矛盾，需要我们不断地推进以思想、理论、观念创新为引领的各项社会创新，以驱动社会更全方位、更高质量的发展。习近平总书记在博鳌亚洲论坛2018年年会开幕式上指出：“40年来，中国人民始终与时俱进、一往无前，充分显示了中国力量。中国人民坚持解放思想、实事求是，实现解放思想和改革开放相互激荡、观念创新和实践探索相互促进，充分显示了思想引领的强大力量。”[②]新时代，要进一步发挥思想引领的强大作用，为各方面创新内容的生发提供价值基础、精神动力和思想根基，需要我们确立并进一步增进中国特色社会主义文化自信，以更坚实的文化自信支撑中国新时代的创新发展，以更强大的文化自信激发出新时代更强劲的中国力量。回应新时代发展的新要求，中国特色社会主义文化自信更加不可或缺。

经历了几十年的探索发展，我们开拓了中国特色社会主义道路，形成了中国特色社会主义理论，建立了中国特色社会主义制度，给整个世界带来的不仅仅是一个后发国家的崛起和带动全球发展的新机遇，更是一种全新的发展路径、思维模式和制度选择。中国特色社会主义是在人类命运共同体的价值基础上，倡导维护世界公平和谐，并主要依靠自身奋斗实现的伟大成就。中国的发展，跳出了“国强必霸”的狭隘逻辑，带着古老极具中国特色的文化观念和鲜明的社会主义价值理念，形成了“强而不霸”、和平发展的中国发展模式，仅就这一点，当代中国特色社会主义就以鲜明的独特性和开创性，成为区别于西方式现代化发展路径的道路、理论与制度的重大创新。

---

① 习近平. 创新增长路径　共享发展成果：在二十国集团领导人第十次峰会第一阶段会议上关于世界经济形势的发言. 人民日报，2015-11-16.

② 习近平. 开放共创繁荣　创新引领未来：在博鳌亚洲论坛2018年年会开幕式上的主旨演讲. 人民日报，2018-04-11.

> **【释义】**
>
> 1982年9月1日，邓小平在《中国共产党第十二次全国代表大会开幕词》中提出，“把马克思主义的普遍真理同我国的具体实际结合起来，走自己的道路，建设有中国特色的社会主义，这就是我们总结长期历史经验得出的基本结论”。从20世纪80年代“有中国特色的社会主义”到90年代“有中国特色社会主义”，几经演变，“中国特色社会主义”这一提法在党的十六大报告中最终确立，并一直沿用至今。

然而，在西方话语的强势背景下，我们的话语权还不够强，如习近平总书记在2013年12月十八届中共中央政治局第十二次集体学习时所指出的：“尽管我们在提高国际话语权方面取得了重要进展，但同西方国家相比，我们还有不小差距。应该承认，对国际话语权的掌握和运用，我们总的是生手，在很多场合还是人云亦云，甚至存在舍己芸人现象。”[①] 长期以来，面对不同于西方经济学理论逻辑的改革路径和发展模式，西方学界和舆论的各种怀疑、抨击和消极预测不绝于耳；面对有别于西方的意识形态和民主政治制度，西方学界和舆论的否定、诋毁和恶意打压也从未停止。在这样的条件下，我们只有切实增强相应的国际话语权，有力地回应西方中心主义的傲慢与偏见，才能在世界范围内赢得尊重和理解，建立积极正面的国家形象，不断提升文化软实力，获得更加有利发展的国际环境；只有切实增强相应的国际话语权，才能更好地辨识外界对中国特色社会主义各种喧嚣的评论，避免陷入西方中心主义认知模式和思维体系，产生思想上的混乱。当前国内一些人中客观存在学术上的不自信、话语上的不自信以及思想上的摇摆和混淆，其根源还是文化上的自信不足。

因此，必须从根本上建立起与当代中国国力发展相匹配的文化自信，

① 中共中央文献研究室. 习近平关于社会主义文化建设论述摘编. 北京：中央文献出版社，2017：203.

> 中国特色社会主义进入新时代，我国社会主要矛盾已经转化为人民日益增长的美好生活需要和不平衡不充分的发展之间的矛盾。我国稳定解决了十几亿人的温饱问题，总体上实现小康，不久将全面建成小康社会，人民美好生活需要日益广泛，不仅对物质文化生活提出了更高要求，而且在民主、法治、公平、正义、安全、环境等方面的要求日益增长。同时，我国社会生产力水平总体上显著提高，社会生产能力在很多方面进入世界前列，更加突出的问题是发展不平衡不充分，这已经成为满足人民日益增长的美好生活需要的主要制约因素。
>
> ——习近平：《决胜全面建成小康社会　夺取新时代中国特色社会主义伟大胜利——在中国共产党第十九次全国代表大会上的报告》（2017 年 10 月 18 日）

并以此为基础，继续开拓中国特色社会主义发展道路、持续创新中国特色社会主义理论、进一步发展完善中国特色社会主义制度、进一步繁荣中国特色社会主义文化，为新时代中国特色社会主义的发展提供更加强大且坚定的精神底座。

随着中国国力的迅速增强，国人的民族自信心和国家自豪感自然复苏，并处于快速增长的时期，同时也还在发展变化之中。这种民族自信心和国家自豪感，一方面可以成为新时代凝聚和激励全国各族人民进一步推进和加速民族复兴伟大事业的强大精神动力，但另一方面，如果没有足够的理性认知和科学态度作为基础，也有可能沦为蒙昧的虚骄自大，或陷入狭隘的孤芳自赏。理性增进新时代国人的民族自信心和国家自豪感，需要我们深刻认识世界百年未有之大变局及中华民族伟大复兴战略背景下，我们所处的历史方位、所负的使命任务、所逢的机遇挑战；需要我们在坚持马克思主义的指导、坚持中国共产党的领导、坚持中国特色社会主义道路基础上，既不媚外自轻，又不恋古自负，而是在坚守中谋前进新局，在创造中谱发展新篇。

四、文化自信的本质是中国特色社会主义文化自信

历史的诉说、世界的图景、时代的发展，无不呼唤我们以高度的文化自信心态，推动当代中国文化的繁荣兴盛，创造中华文化的新辉煌。那么，面对五千年悠久文明史积淀形成的丰富文化遗产，面对党领导人民在革命、建设、改革中创造的革命文化和社会主义先进文化，面对社会主义现代化实践淬炼铸就的中国特色社会主义文化，新时代的我们，究竟应该“自信”何种文化？或者说，当代中国文化自信的本质到底是什么？

文化是人的创造。文化自信在根本上反映文化主体的一种自我确信、自我认同，确信自己的文化创造具有积极的价值和意义，并对自身文化创造的生命力及发展前景充满坚定信念。因此，文化自信的“基点”和“根本”，始终立足于文化主体的“当下”实践，始终指向文化主体自身的文化创造。对于新时代的中国人民来说，坚定的文化自信，其本质就是对当下亿万民众在实践中创造的文化成果——中国特色社会主义文化的价值、生命力及发展前景的信心信念。习近平总书记在中国文联十大、中国作协九大开幕式上寄语广大文艺工作者要“坚定文化自信，用文艺振奋民族精神”，并强调：“实现中华民族伟大复兴，必须坚定中国特色社会主义道路自信、理论自信、制度自信、文化自信。”[①] 这里的“中国特色社会主义”，是道路自信、理论自信、制度自信、文化自信的“总定语”，总书记这里强调的为实现中华民族伟大复兴注入强大精神力量的“文化自信”，在根本上是中国特色社会主义文化自信。

中国特色社会主义文化的科学性、先进性特征及其与中华优秀传统文化、革命文化和社会主义先进文化源流一体的传承性特征，决定了当代中国文化自信的本质是中国特色社会主义文化自信。

① 习近平. 习近平谈治国理政：第 2 卷. 北京：外文出版社，2017：349.

首先，中国特色社会主义文化以马克思主义为指导，其科学性与真理性是当代国人文化自信心态赖以确立的根本原因。毛泽东在《唯心历史观的破产》一文深刻指出："自从中国人学会了马克思列宁主义以后，中国人在精神上就由被动转入主动。从这时起，近代世界历史上那种看不起中国人，看不起中国文化的时代应当完结了。伟大的胜利的中国人民解放战争和人民大革命，已经复兴了并正在复兴着伟大的中国人民的文化。"① 毛泽东的这一论述，再现了中国共产党人在波澜壮阔的革命战争中以科学正确的马克思主义理论为指导，彻底扭转中国人民在文化心理上的自卑和被动，带领中国人民成功树立起自尊自信、昂扬向上文化心态的峥嵘历史。革命时期如此，社会主义建设、改革时期亦是如此。当代国人的文化自信，其赖以确立的基础及其所指对象，在本质上只能是始终坚持马克思主义指导的中国特色社会主义文化。

其次，中国特色社会主义文化的先进性与引领性，昭示当代国人的文化自信本质上即是中国特色社会主义文化自信。今天的中华民族，正沿着中国特色社会主义的发展道路阔步前行，并由此迎来从站起来、富起来到强起来的伟大飞跃。今天的中国文化，正循着中国特色社会主义文化发展道路凯歌行进，并由此迎来中华文化繁荣兴盛的光明前景，为实现中华民族伟大复兴的中国梦提供磅礴的精神力量。中国特色社会主义文化的先进性和引领性，决定当代国人的文化自信，在根本

> 中国特色社会主义文化积淀着中华民族最深层的精神追求，代表着中华民族独特的精神标识，是中国人民胜利前行的强大精神力量。这一点，不仅已经在理论上被证明是正确的，而且在实践上也被证明是正确的。
>
> ——习近平：《在纪念红军长征胜利 80 周年大会上的讲话》（2016 年 10 月 21 日）

① 毛泽东. 毛泽东选集：第 4 卷. 2 版. 北京：人民出版社，1991：1516.

上指向对中国共产党领导下的中国特色社会主义文化发展道路与前景的信心信念。

最后，中国特色社会主义文化与中华优秀传统文化、革命文化及社会主义先进文化源流一体的传承性特征，决定当代中国文化自信的本质是中国特色社会主义文化自信。什么是中国特色社会主义文化？中国特色社会主义文化的形成过程及内在要素究竟是什么？党的十九大报告曾以高度凝练的表述概括了中华优秀传统文化、革命文化、社会主义先进文化与中国特色社会主义文化的关系。报告指出：“中国特色社会主义文化，源自于中华民族五千多年文明历史所孕育的中华优秀传统文化，熔铸于党领导人民在革命、建设、改革中创造的革命文化和社会主义先进文化，植根于中国特色社会主义伟大实践。”① 中国特色社会主义文化承古开今、向新而行的强大生机活力，是当代中国文化自信赖以挺立的又一关键因素。

五、文化自信：“说到底”的自信

与新时代中国发展进步的全方位相对应的是，当代中国在民族复兴征程中所生发和涵养的自信心也应是全方位的，其中对中国特色社会主义道路、理论、制度和文化的自信，成为新时代中华民族自信力最集中的体现。2016 年 5 月 17 日，在哲学社会科学工作座谈会上，习近平总书记指出，坚定中国特色社会主义道路自信、理论自信、制度自信，说到底是要坚定文化自信。同年 11 月在中国文联十大、中国作协九大开幕式上，总书记又进一步强调，文化自信是更基础、更广泛、更深厚的自信，是更基本、更深沉、更持久的力量。应当如何理解中国特色社会主义文化自信与中国特色社会主义道路自信、理论自信、制度自信之间的关系？为什么说

① 习近平. 习近平谈治国理政：第 3 卷. 北京：外文出版社，2020：32.

坚定中国特色社会主义道路自信、理论自信、制度自信，说到底是要坚定文化自信呢？

首先，从逻辑关系来看，文化自信是中国特色社会主义道路自信、理论自信和制度自信的深层底蕴。我们对中国特色社会主义的道路自信、理论自信和制度自信，都直接生发于当前中国特色社会主义的成功实践。当代中国的实践发展成就体现着当代中国思想文化创新发展，是建立在中华民族数千年文化发展的基础之上的，是中华文化绵延不断发展至今形成的社会实践成就。对于一个民族共同体而言，时代的发展必不是孤立的，而是其共享之文化与共创之文明传承接续发展的成果，没有能与历史割裂的现在，也没有与文化创新发展相脱离的社会发展成就。正如习近平总书记所谈及的："我们从哪里来？我们走向何方？中国到了今天，我无时无刻不提醒自己，要有这样一种历史感……我们一方面缅怀先烈，一方面沿着先烈的足迹向前走……中国有坚定的道路自信、理论自信、制度自信，其本质是建立在 5 000 多年文明传承基础上的文化自信。"[①] 中华民族当下的发展道路、理论成果和制度创新都不是悬空飘浮的，而是扎根于数千年文明发展的深厚积淀之中、汲取悠久丰硕文化成果的丰盈养分而形成的。尽管它汲取了世界先进文明的精华，但根本上是自身文化与时俱进的新发展与新成就，彰显出对中国传统文化的扬弃与升华，体现出中华民族长久以来的不懈探求，表达出鲜明的中华民族特有情怀，归根到底是中国文化不断接续发展至今而成就的时代硕果。独特的文化传统、独特的历史命运、独特的基本国情，注定了我们必然要走适合自己特点的发展道路，并在前进道路的探索实践中发展出相应的理论指引和制度保障。可以说，没有对中华民族文化上的自信，也不可能树立起真正的道路自信、理论自信和制

① 阔步走在中华民族伟大复兴的历史征程上：记以习近平同志为总书记的党中央推进全方位外交的成功实践. 人民日报，2016-01-05.

度自信。

其次，从自信的存续形态和涵养方式来看，文化自信是中国特色社会主义道路自信、理论自信和制度自信的鲜活表达，文化为人们建立道路自信、理论自信和制度自信提供丰厚的资源。在诸多的自信之中，文化自信之所以更基础、更广泛、更深厚，更基本、更深沉、更持久，在于文化以其丰富多彩而又鲜活醇厚的形态存在于人民之中，在于文化对人心的影响犹如水润万物细腻无声而又无不渗透其里，在于对中国文化的认同是所有中华儿女凝聚团结的精神纽带，还在于人们有了对文化的理解与认同，可以更深入地理解我们的中国特色社会主义道路、理论、制度之所由来、之所前往，从而增进我们的道路自信、理论自信和制度自信。文化自信更基础、更广泛、更深厚，更基本、更深沉、更持久，是因为文化的存在形态及其影响人心所具的特点，是因为中华文化之于中华民族每一分子所共有的意义，也是因为我们的文化蕴含着我们所选择和探索形成的道路、理论、制度所由出发的“初心”。中国特色社会主义的道路自信、理论自信和制度自信不仅蕴于文化自信之中、化于文化自信之中，还于文化自信中生发涵养，以文化自信呈现表达。2013 年 3 月，新当选为国家主席的习近平，在十二届全国人大一次会议上号召全国各族人民“增强对中国特色社会主义的理论自信、道路自信、制度自信，坚定不移沿着正确的中国道路奋勇前进”时，深刻强调了中国特色社会主义道路、理论、制度的文化根基。他说，中国特色社会主义道路“来之不易，它是在改革开放 30 多年的伟大实践中走出来的，是在中华人民共和国成立 60 多年的持续探索中走出来的，是在对近代以来 170 多年中华民族发展历程的深刻总结中走出来的，是在对中华民族 5 000 多年悠久文明的传承中走出来的，具有深厚的历史渊源和广泛的现实基础”①。可以说，要在全社会建立起中国特色

① 习近平. 习近平谈治国理政：第 1 卷. 2 版. 北京：外文出版社，2018：39-40.

社会主义的道路自信、理论自信和制度自信的深厚根基，必离不开文化自信的前提和“以文化人”的过程。在文化自信与其他三个自信的关系中，既要看到文化自信的根本性以及增进文化自信在推进民族复兴进程中的深远意义，也要特别注重在涵养文化自信的实践中，充分发挥文化的作用，用好用活文化的资源，在增进文化自信的过程中有效提升中国特色社会主义道路自信、理论自信和制度自信。

我们称之为“说到底”的文化自信，不是别的文化自信，就本质而言，它是中国特色社会主义的文化自信。理解中国特色社会主义的文化自信，首先要从整体上准确把握文化自信的对象，它既包括我们悠久醇厚、博大精深的优秀传统文化，也包括近代以来在民族救亡继绝中形成的可歌可泣、激越刚健的革命文化，还包括近数十年来我们积极推进繁荣发展的中国特色社会主义文化。只有从认识上明晰中国文化自信的对象，把优秀传统文化、革命文化和中国特色社会主义文化都纳入当代中国所处的文化自我的有机整体之中，才能避免陷入割裂历史、无视文化延续性的误区当中，也才能从根本上克服“民族虚无主义”“历史虚无主义”“革命虚无主义”“现实虚无主义”等错误思潮给人们造成的思想混乱和心态偏颇。其次，文化发展的整体性和延续性，决定了中国特色社会主义的文化自信，当承于古而强于今，其立基点既指向历史，也指向现实，两种指向缺一不可。其中，基于优秀传统而生的文化自信具有基础性意义，基于现实文化新发展、新创造而得以确信和强化的自信则具

> 历史虚无主义以所谓“重新评价”为名，歪曲近现代中国革命历史、党的历史和中华人民共和国历史。
>
> 历史虚无主义的要害，是从根本上否定马克思主义指导地位和中国走向社会主义的历史必然性，否定中国共产党的领导。
>
> ——习近平：《在全国党史工作会议上的讲话》(2010年7月21日)

有更为核心的意义。中国特色社会主义的文化自信，必是以现实文化创新发展实践为根本立足点的文化自信。此外，文化发展要尊重历史，要立足当下，还要面向未来，中国特色社会主义的中国文化自信，不仅承于古而强于今，还要直指未来，向新而行。向新而行的文化自信，不仅立足于本民族文化发展的深厚历史积淀和扎实的现实成就，还应内含对本民族文化未来发展前景的充分确信。这种充分的确信，当来自中国特色社会主义鲜明的社会主义发展方向、不竭的创新发展动力以及蓬勃持续的发展活力。

02

第二章　文化自信的底气从何而生？

真正的自信，不是空喊口号也不是自我催眠，必须首先建立在胜于雄辩的客观事实基础之上。对于有着悠久且辉煌灿烂文明发展史的中国而言，文化自信并不是一个新鲜的问题，但如此明确而坚定地倡导文化自信、建设文化自信，则是在党的十八大以后、中国特色社会主义进入新时代的历史条件之下。2012 年 11 月 29 日，习近平总书记在参观《复兴之路》展览时谈道：中华民族的昨天，可以说是“雄关漫道真如铁”；中华民族的今天，正可谓“人间正道是沧桑”；中华民族的明天，可以说是“长风破浪会有时”。现在，我们比历史上任何时期都更接近中华民族伟大复兴的目标，比历史上任何时期都更有信心、有能力实现这个目标。这段阐释不仅生动展示了中华民族曲折的发展历程，豪迈抒发了对伟大民族复兴的深情期许，也显示出当代中国文化自信礼敬传统、立足当下、直面未来的充足底气。

一、中华优秀传统文化的深厚积淀

首先，我们确立文化自信的底气离不开中华民族数千年文明历程的深厚积淀。中华文化源远流长、博大精深，其中的优秀文化成分不仅铸就了一部璀璨的中国文化发展史，为人类社会的发展进步做出了重大贡献，时至今日，还仍旧焕发出超越时空的熠熠光辉。中华优秀传统文化是中国特色社会主义的源泉和沃土。中国特色社会主义的鲜明“特色”之一，就是其深深植根于延绵发展五千年的中华优秀传统文化。习近平总书记深刻强调：“宣传阐释中国特色，要讲清楚每个国家和民族的历史传统、文化积淀、基本国情不同，其发展道路必然有着自己的特色；讲清楚中华文化积淀着中华民族最深沉的精神追求，是中华民族生生不息、发展壮大的丰厚滋养；讲清楚中华优秀传统文化是中华民族的突出优势，是我们最深厚的文化软实力；讲清楚中国特色社会主义植根于中华文化沃土、反映中国人民意愿、适应中国和时代发展进步要求，有着深厚历史渊源和广泛现实基础。”[①] 习近平总书记关于中华优秀传统文化和中国特色社会主义关系的深刻论述，揭示了当代国人文化自信赖以确立的重要“底气”。中华优秀传统文化积淀之醇厚，恰如有源之水，滋养着中华民族在新的历史条件下的新创造、新进步，为时代发展中人类共同问题的解决注入了古老文明的智慧，也给我们当下的文化自信打下了最深厚的历史根基。

历数世界各地之古老文明，或如玛雅文明夭折于天灾，或如古埃及文明转易于人祸。唯独中华民族以自强不息之进取、厚德载物之包容，使中华文化历经数千年岁月洗礼仍旧熠熠生辉。二十五史浩浩数千卷，既是中国历史朝代的更迭史，更是中华民族自强不息的奋斗史。每当外来入侵或百姓涂炭之时，华夏儿女总能挺起民族的脊梁，给中华文化铸以生生不息之灵魂。经史子集传承千载，是古代圣贤立德立言之写照，更见证了中华文化厚德载物之包容。无论是游牧民族入主中原，抑或是异域文化播于宇内，中华民族总能以海纳百川

2014 年 9 月 24 日至 27 日，纪念孔子诞辰 2 565 周年国际学术研讨会暨国际儒学联合会第五届会员大会在北京举行，主题为“儒学：世界和平与发展”。24 日，习近平总书记出席开幕会并发表重要讲话。他强调，不忘历史才能开辟未来，善于继承才能善于创新；只有坚持从历史走向未来，从延续民族文化血脉中开拓前进，我们才能做好今天的事业；推进人类各种文明交流交融、互学互鉴，是让世界变得更加美丽、各国人民生活得更加美好的必由之路。

① 习近平. 习近平谈治国理政：第 1 卷. 2 版. 北京：外文出版社，2018：155-156.

2008 年，在北京奥运会开幕式上，几百名演员通过扮演的活字印刷字模，用大篆、小篆、楷书三种不同字体展现了“和”字，向世界传达了中国人传统的和合思想的魅力。

之雅量，缔造出一个又一个令人叹为观止的文化高峰。这些宝贵的文化遗产，既是引导华夏儿女奋勇向前的精神力量，见证了中华民族生生不息的发展历程，又随着鉴真东渡、郑和下西洋和丝绸之路上的阵阵驼铃之声远播海外，推动了亚洲乃至世界文明的进步。

更为可贵的是，中华优秀传统文化于我们而言，不仅是遥望的历史与心生的情怀，还具有跨越时空、超越国度的现代价值。正如习近平总书记所说：“中华优秀传统文化是中华民族的文化根脉，其蕴含的思想观念、人文精神、道德规范，不仅是我们中国人思想和精神的内核，对解决人类问题也有重要价值。”[①] 中华优秀传统文化中所蕴含的富有永恒魅力的精神内容，并没有被掩埋在历史的尘埃中，其“天行健，君子以自强不息”（《周易 · 乾 · 象辞》）的奋斗精神，“民可近，不可下，民为邦本，本固邦宁”（《尚书 · 五子之歌》）和“民为贵，社稷次之，君为轻”（《孟子 · 尽心下》）的民本思想，“和实生物，同则不继”（《国语 · 郑语》）以及“礼之用，和为贵”（《论语 · 学而》）的和合思维，“万物并育而不相害，道并行而不相悖”（《礼记 · 中庸》）和“己所不欲，勿施于人”（《论语 · 卫灵公》）的共生平等理念，“允执厥中”（《尚书 · 大禹谟》）和“治国无其法则乱”（《慎子 · 逸

① 习近平在全国宣传思想工作会议上强调　举旗帜聚民心育新人兴文化展形象　更好完成新形势下宣传思想工作使命任务. 人民日报，2018-08-23.

文》）的公正法治观，“苟利社稷，死生以之”（《左传·昭公四年》）和“天下兴亡，匹夫有责”（《日知录·正始》）的爱国情怀，“人而无信，不知其可也”（《论语·为政》）和“君子莫大乎与人为善”（《孟子·公孙丑上》）的道德观，“有教无类”（《论语·卫灵公》）和“不愤不启，不悱不发”（《论语·述而》）的教育观，等等，不仅对应着当代中国社会发展的根本价值诉求，还为其实现提供了重要的思想理念和思维方式，构成了作为当代中国文化发展轴心的社会主义核心价值观其中一个重要的精神源头和思想渊源。

除了体现于当代中国，优秀传统文化的现代价值也得到了越来越多的世界关注和认同，尤其是在西方经济社会发展出现全方位困顿的时代背景下，中华优秀传统文化的不朽智慧正在持续得以印证。近代以来，标榜“理性”、“科学”与“自由”的西方文明，在创造辉煌工业文明的同时，日渐显露出对人本精神的挤压，给人们带来不少所谓的“现代性”的困扰。一方面，工业文明打造的现代生活方式对人类生存的自然环境造成了近乎毁灭性的威胁，日渐枯竭的自然资源、濒临崩溃的生态环境、更加肆虐的自然灾害，都在警醒着人们，西方工业文明的“野蛮生长”模式对人类的生存和发展构成了巨大威胁。另一方面，极端的个人主义和过度竞争导致的功利主义，不仅威胁着经济和政治的稳定，更挑战着人们的价值底线，从疯狂掠夺的帝国主义，到野蛮扩张的现代资本，再到“丛林法则”的文化霸权，在西方世界引领的现代化发展之路上，与平等、自由、公正、人本相悖的顽疾从未消除，甚至愈演愈烈。“在科学技术取得巨大进步、全球经济有了长足发展的20世纪，个人、社会、环境三个层次却展现出连续不断的动荡不安。”[①] 西方的文明发展道路到底会将人类带向何方？越来越多的人陷入了极大的困惑。步入后工业化时代以来，一些西

① 赵行良. 中国文化的精神价值：中国人文精神之检讨. 上海：上海古籍出版社，2003：246.

方思想家越来越深入地认识到中华优秀传统文化中“天人合一”“以人为本”“厚德载物”“以和为贵”“以道制欲”等古老智慧的现代价值，从东方文化中寻求启示乃至解毒良方的呼声越来越明显，“西方思想家希望将东方文化作为一种良药来疏通西方文化中物质沉淀的阻塞”①。

二、当代中国发展的耀世成就

文化自信，作为一种积极的精神状态，与文化的发展状况息息相关，但又绝非混匿于思想观念中的无根之萍。我们所讲的文化自信，与道路、理论、制度自信一同傲然矗立于社会主义伟大实践基础之上。新中国成立以来，党团结带领全国各族人民团结奋斗，创造了一个个人类发展史上的伟大奇迹，深刻改变了中国的面貌、中华民族的面貌、中国人民的面貌。党的十八大以来，以习近平同志为核心的党中央，承前继后、锐意改革，中国特色社会主义进入新时代，这“意味着近代以来久经磨难的中华民族迎来了从站起来、富起来到强起来的伟大飞跃，迎来了实现中华民族伟大复兴的光明前景；意味着科学社会主义在二十一世纪的中国焕发出强大生机活力，在世界上高高举起了中国特色社会主义伟大旗帜；意味着中国特色社会主义道路、理论、制度、文化不断发展，拓展了发展中国家走向现代化的途径，给世界上那些既希望加快发展又希望保持自身独立性的国家和民族提供了全新选择，为解决人类问题贡献了中国智慧和中国方案”②。新时代中国的辉煌成就，极大提升了中国人坚定“走自己的路”的信念和信心，党和国家所取得的各项历史性成就为新时代的文化自信注入了充沛的底气，使之得以“千磨万击还坚劲，任尔东西南北风”。

70 余载天翻地覆，中华民族用一串串数字记录了从站起来、富起来

① 董光璧. 传统与后现代. 济南：山东教育出版社，1996：483.

② 习近平. 决胜全面建成小康社会　夺取新时代中国特色社会主义伟大胜利：在中国共产党第十九次全国代表大会上的报告. 北京：人民出版社，2017：10.

TED: 马丁·雅克——了解中国的崛起

到强起来的伟大飞跃，描绘出民族复兴的亮丽图谱，奏响了齐心追梦的精彩乐章。从1952年的679亿元，到1978年的3 679亿元，再到2018年首次突破90万亿大关、2019年接近百万亿体量，年均8.1%的GDP增长速度，向世界展示着社会主义经济制度在中国取得的卓越成就；从新中国成立初期的一穷二白，到1978年世界排名第11位的经济总量，再到先后赶超意大利、法国、英国、德国、日本等资本主义强国，成为世界第二大经济体，中国逐渐由过去的贫困落后变为“世界工厂”，并且正进军“世界市场”。70余年来，产业结构的持续优化，使中国这艘巨轮得以乘风破浪、行稳致远。从曾经的依赖自然条件的落后生产状态，到不计其数的农业设施建设，再到机械化水平的不断提升，我国粮食总产量迎来了从1949年的11 318万吨到2019年的66 384万吨的巨大变化，中国人民再也不用为自己的“肚子”而发愁。从新中国成立初期的工业基础薄弱状况，到社会主义工业化大幕的拉开，再到新时代高新技术的飞速发展，中国从曾经的工业产品严重依赖进口的局面，摇身一变成为200余种工业品产量居世界榜首，2018年拥有36.8亿吨的原煤产量、11.1亿吨的钢材产量、22.1亿吨的水泥产量的工业大国[1]。70余年来，从“中国制造”到“中国智造”，科技创新正逐渐成为推动中国发展的重要因素，天宫、蛟龙、悟空、墨子等重大科技成果相继问世，中国人正把古老文明的智慧和观念融入现代科技发展之中，如今的中国恰如复兴号高铁一般，正风驰电掣地奔驰在民族复兴的康庄大道上。此外，改革开放以来，我国又迎来了第三产业的迅猛

① 沧桑巨变七十载 民族复兴铸辉煌.（2019-07-01）. http://www.stats.gov.cn/tjsj/zxfb/201907/t20190701_1673407.html.

新中国经济社会发展的辉煌成就（1949—2018 年）

指标	单位	1949 年	2018 年		1950—2018 年
		绝对量	绝对量	比上年增长（%）	平均增速（%）
国内生产总值（GDP）	亿元	679①	900 309	6.6	8.1②
第一产业	亿元	343①	64 734	3.5	3.5②
第二产业	亿元	141①	366 001	5.8	10.8②
第三产业	亿元	195①	469 575	7.6	8.4②
国民总收入（GNI）	亿元	679①	896 916	6.3	8.1②
粮食产量	万吨	11 318	65 789	−0.6	2.6
主要工业产品户量					
原煤	亿吨	0.3	36.8	4.5	7.2
原油	万吨	12	18 911	−1.3	11.3
发电量	亿千瓦小时	43	71 118	7.7	11.3
粗钢	万吨	16	92 801	6.6	13.4
铁路营业里程	万公里	2.18	13.17	3.7	2.6
公路里程	万公里	8.08	484.65	1.5	6.1
全社会固定资产投资	亿元	43.6①	645 675	5.9	15.6②
社会消费品零售总额	亿元	277①	380 987	9.0	11.6②
货物进出口总额	亿元	42③	305 050	9.7	14.0④
全国居民人均可支配收入	元	49.7	28 228	6.5	6.1
全国居民人均消费支出	元	88.2⑤	19 853	6.2	5.6⑥
住户存款（人民币）	亿元	8.6①	716 038	11.2	—
一般公共预算收入	亿元	62.2③	183 360	6.2	12.5④
一般公共预算支出	亿元	68.1③	220 904	8.7	12.6④
外汇储备（年末）	亿美元	1.6③	30 727	—	—
年末参加基本养老保险人数	万人	5 710⑦	94 293	3.0	—
年末参加基本医疗保险人数	万人	400⑧	134 459	14.3	—
医疗卫生机构床位数	万张	8.5	840.4	5.8	6.9
在校学生数					
研究生及以上	千人	0.6	2 731	3.5	12.9
普通本专科	万人	12	2 831	2.8	8.3
普通高中	万人	21	2 375	0.03	7.1
贫困人口	万人	77 039⑨	1 660	比上年末减少 1 386 万人	—
贫困发生率（2010 年标准）	%	97.5⑨	1.7	上年为 3.1	—
人均预期寿命	岁	35	77	上年为 76.7	年均增长 0.6 岁

注：2010 年农村贫困标准为每人每年 2 300 元（2010 年不变价）。2005 年起公路里程包括村道。1981 年之前全国固定资产投资数据为全民所有制单位固定资产投资，1981 年及之后为全社会固定资产投资。社会消费品零售总额 1992 年及以前为社会商品零售总额，1997 年起不含居民购买住房。住户存款（人民币）数据来自中国人民银行，2015 年以前为城乡居民人民币储蓄存款。2016 年起，参加新型农村合作医疗人员逐步并入城乡居民基本医疗保险参保人员统计，由于统计口径变化，无法计算平均增速。①为 1952 年数据。②为 1953—2018 年平均增速。③为 1950 年数据。④为 1951—2018 年平均增速。⑤为 1956 年数据。⑥为 1957—2018 年平均增速。⑦为 1989 年数据。⑧为 1994 年数据。⑨为 1978 年数据。

资料来源：http://www.qstheory.cn/dukan/qs/2019-10/03/c_1125069258.htm.

发展阶段，服务业逐渐成为经济增长的新引擎，2017 年我国服务业占比 51.6%，相比 1978 年上升 27%[①]。一组组闪光的数据、一项项傲人的成就，昭示着中国人民和中华民族奋进的激情、创造的锐气，同时也为我们战胜挑战、勇往前行提供着强大的支撑和保障。习近平总书记在总结抗击新冠肺炎疫情斗争的中国经验时深刻指出："我们长期积累的雄厚物质基础、建立的完整产业体系、形成的强大科技实力、储备的丰富医疗资源为疫情防控提供了坚强支撑。"[②] 党和国家不断增强的"从容应对惊涛骇浪的深厚底气"、人民群众日益充实的"获得感、幸福感、安全感"等，在无形之中有效提振着当代国人的文化自信心。

经济实力的大幅跃升，让中国得以在国际舞台上扮演着愈加重要的角色。新中国成立初期，由于自身的贫弱和外来的封锁，我国经济相对封闭，在各方面与他国交流较少，全球贸易份额较低。改革开放以来，我们由点到线再到面，对外开放新格局逐步形成。1978 年，我国以 206 亿美元的货物进出口总额排在世界第 29 位；随着改革开放的不断深入，2019 年，中国以超过 4.6 万亿美元的货物进出口总额蝉联世界第一。外商投资不断涌入中国市场，从 1979 年到 2018 年，改革开放 40 年间，中国这片投资热土共吸引了 20 343 亿美元的非金融类外商投资。中国加入 WTO 以来，尤其是"一带一路"倡议提出以来，中国对外投资发展成效显著，2019 年我国对外直接投资额达 1 369.1 亿美元，对外直接投资流量蝉联全球第二，其中"一带一路"沿线国家投资额达 186.9 亿美元。中国积极倡导国际的交流与合作，共谋人类社会的共同发展、共同进步，通过亚投行、丝路基金、APEC 峰会、G20 领导人峰会等平台提高国际话语权，积极为世界发展贡献中国智慧和中国方案。随着中国这一"东方睡狮"的觉醒，西方盛

① 波澜壮阔四十载　民族复兴展新篇.（2018-08-27）. http://www.stats.gov.cn/ztjc/ztfx/ggkf40n/201808/t20180827_1619235.html.

② 习近平. 在全国抗击新冠肺炎疫情表彰大会上的讲话. 人民日报，2020-09-09.

行一时的“中国崩溃”论、“历史终结”论等论调被逐一颠覆。据美国高盛公司预测，“到 2027 年，中国将超过美国成为世界最大的经济体”[①]；有的西方学者甚至预言，21 世纪将是“中国世纪”，北京也将继伦敦、纽约之后，成为又一个世界之都。可以说，经济硬实力的发展支撑着一个负责任东方大国的崛起，同时也是中国人文化自信的底气。

经济腾飞所带来的不只是抽象的数字增长，而且是实实在在的人民福祉的提升。70 余年来，从逐步解决温饱问题，到 20 世纪末实现总体小康，再到如今即将实现的全面小康，中国居民生活水平不断提高。统计显示，1978 年我国农村共计有 7.7 亿贫困人口，2012 年下降至 9 899 万人，

2019 年 9 月 24 日，“伟大历程　辉煌成就——庆祝中华人民共和国成立 70 周年大型成就展”开始向公众开放。图为成就展上我国生产的“东方红”拖拉机实物。

① 雅克．当中国统治世界：中国的崛起和西方世界的衰落．张莉，刘曲，译．北京：中信出版社，2010：10.

2019年末进一步减少至551万人。2020年，面对突如其来的新冠肺炎疫情，中国共产党团结带领全国人民坚决打响疫情防控的人民战争，取得抗疫斗争重大战略成果，并在科学统筹推进疫情防控与经济社会发展工作基础上，决胜全面建成小康社会，决战脱贫攻坚。2020年11月，我国832个国家级贫困县全部脱贫摘帽，脱贫攻坚目标任务胜利完成，中国人民谱写了人类反贫困斗争史上的伟大传奇。在“食”的方面，随着恩格尔系数的不断下降，中国人的饮食从曾经的“吃饱”逐渐变成渴望“吃好”，到如今追求“吃得健康”。在“衣”的方面，我们也经历着从曾经的衣不蔽体到如今“美观舒适”的时尚搭配、从过去的“一衣多季”到如今的“一季多衣”的转变。在“用”的方面，中国人心目中的结婚“三大件”，由过去的自行车、手表、缝纫机，逐渐变成20世纪80年代的电视、冰箱、洗衣机和90年代的彩电、空调、录像机等，如今这些早已不是什么稀罕物。可以说，中国经济社会的发展和进步深刻体现在每一个中国人衣食住行的变化之中。70余年来，中国就业规模不断扩大，就业质量不断提高，城乡就业人员从1949年末的18 082万提高到了2019年末的77 471万，而且随着工资收入的快速增长、劳动保障的不断完善、就业服务体系的逐渐健全，亿万中国人民在社会主义制度下感受着工作环境的巨大改善。70余年来，公共卫生事业的长足发展，有力推动着“健康中国”建设的坚毅步伐。2018年末，中国医疗卫生机构数量、卫生技术人员数量相比于1949年分别增长了271

> 70年来，全国各族人民同心同德、艰苦奋斗，取得了令世界刮目相看的伟大成就。今天，社会主义中国巍然屹立在世界东方，没有任何力量能够撼动我们伟大祖国的地位，没有任何力量能够阻挡中国人民和中华民族的前进步伐。
>
> ——习近平：《在庆祝中华人民共和国成立70周年大会上的讲话》（2019年10月1日）

倍和 17.8 倍，“健康生活”理念早已深入每个中国人的心中。70 余年来，教育事业的快速发展，极大提高了我国人民的思想道德素质和科学文化素质。从新中国成立初期文盲数量占总人口 80% 的落后状况[①]，到如今义务教育的普及与巩固以及职业技术教育、高等教育的迅猛发展，我国教育事业源源不断地为社会主义现代化建设提供着有用人才。借此可说，当代中国人的文化自信，建立在对生活发展的切身感知基础之上。

新中国成立 70 余年来，中国共产党团结带领各族人民创造了世所罕见的“经济快速发展奇迹和社会长期稳定奇迹”，推动中华民族迎来了从站起来、富起来到强起来的伟大飞跃。正是基于这样实实在在的成就，习近平总书记掷地有声地指出：“当今世界，要说哪个政党、哪个国家、哪个民族能够自信的话，那中国共产党、中华人民共和国、中华民族是最有理由自信的。”[②]70 余年的光辉成就，不是天上掉下的馅饼，更不是他人施舍的嗟来之食，而是中国共产党团结带领全国各族人民用智慧与汗水奋斗出来的。当代中国社会主义伟大事业发展的历史性成就，创造了中国崛起的伟大奇迹，也夯实了我们文化自信的现实基础，为全党全国各族人民的坚定前行凝聚了磅礴的精神力量。

三、中国特色社会主义文化的繁荣兴盛

一方面，文化自信的底气离不开经济、军事、社会民生等国家硬实力的发展；另一方面，由于“一定的文化（当作观念形态的文化）是一定社会的政治和经济的反映，又给予伟大影响和作用于一定社会的政治和经济”[③]，文化上的繁荣兴盛不仅能促使硬实力不断发展，也为文化自信的进一步提升注

① 沧桑巨变七十载　民族复兴铸辉煌.（2019-07-01）. http://www.stats.gov.cn/tjsj/zxfb/201907/t20190701_1673407.html.

② 习近平. 在庆祝中国共产党成立 95 周年大会上的讲话. 北京：人民出版社，2016：12.

③ 毛泽东. 毛泽东选集：第 2 卷. 2 版. 北京：人民出版社，1991：663-664.

入直接的动力。

道路决定命运。改革开放以来，在党的坚强领导下，我们沿着中国特色社会主义的文化发展道路，坚持先进文化的前进方向，文化强国建设蹄疾步稳，文化事业和文化产业发展令人瞩目，中国特色社会主义文化自信也因此得以张扬。我们加强文化精神建设，为中国特色社会主义文化的繁荣发展铸魂。一直以来，我们始终牢牢掌握意识形态工作的领导权，以马克思主义中国化最新成果占领精神高地，文化阵地上始终红旗飘扬。我们既积极弘扬中华优秀传统文化中包含的刚健自强、与时俱进、创新创造的文化精神，又自觉培育和践行社会主义核心价值观，注重以理想信念补精神之钙，将中国人特有的文化精神融入文化事业和文化产业的方方面面。我们加强文化能力建设，为中国特色社会主义文化的繁荣发展聚力。全国范围内 44 464 个文化馆站、3 176 个公共图书馆、4 918 个博物馆，国家基本文化设施的不断完善为群众性文化活动的开展提供了基本保障；51.9 万种图书出版总数、100.1 亿册（张）图书总印数、10 139 种期刊出版种数、22.9 亿册期刊总印数[①]，不断满足着人民群众日益增长的文化需求。国家文化产业规模不断扩大，“互联网 +”等新型文化模式成为发展新动力，文化产业方面的投资规模及国家对文化产业的监管力度等反映着我国文化能力的不断提升。我们加强文化心态建设，为中国特色社会主义文化繁荣发展凝心聚力。在传统与现代的对比之中，我们坚决破除文化复古主义，理性平和地看待过往；在中国与西方的交流之中，我们坚决破除以洋为尊、“全盘西化”，合理吸收外来文化之优长。“感动中国”人物在全民族之中树立起标杆，百位改革开放的先锋也引领着广大中国人民以进取、开放、热情、从容的心态迎接各类风险和挑战。我们加强文化形

① 文化事业繁荣兴盛　文化产业快速发展.（2019-07-25）. http://www.gov.cn/xinwen/2019-07/25/content_5415076.htm.

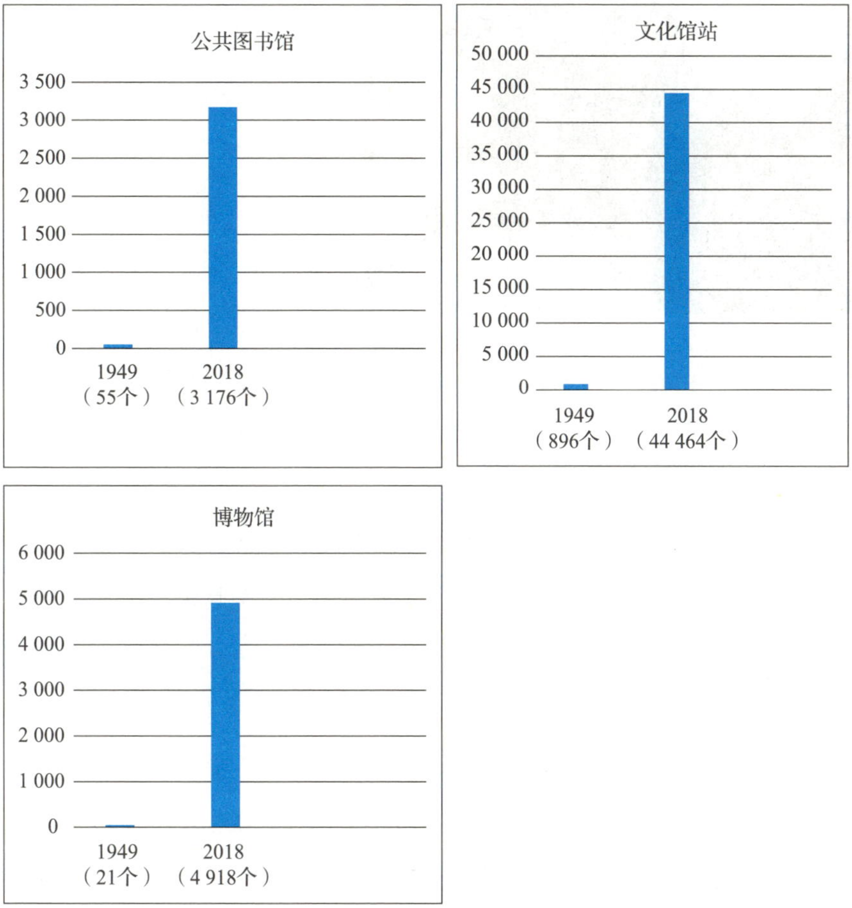

新中国公共文化服务设施发展概览（1949—2018 年）

资料来源：文化事业繁荣兴盛　文化产业快速发展.（2019-07-25）. http://www.gov.cn/xinwen/2019-07/25/content_5415076.htm.

象建设，为中国特色社会主义文化的繁荣发展添彩。文化产业发展统筹国内、国际两个市场，中国国际广播电台以 101 家海外整频率播出电台、每天近 3 000 小时的节目、全球 5 亿人口的覆盖面[①]，将中国声音传得越来越

① 文化事业建设不断加强　文化产业发展成绩显著.（2018-09-13）. http://www.stats.gov.cn/ztjc/ztfx/ggkf40n/201809/t20180913_1622703.html.

2018年2月13日，在立陶宛首都维尔纽斯，维尔纽斯大学孔子学院道克沙学校孔子课堂的学生们在“感受中国年”活动中练习书法。

远、越来越响。同时，146个国家（地区）的525所孔子学院和1 113个孔子学堂[①]，将中国历史底蕴深厚的文明大国形象展示给了世界，中华文化的独特魅力日益享誉全球。

与此同时，社会主义市场经济体制之下迅速发展起来的中国文化产业，也正呈现出蓬勃的发展生机和旺盛的生长活力，不仅为满足当下人们不断快速增长且多样发展的精神文化需求提供了越来越丰富的文化供给，也成为国民经济中越来越重要的增长动力和发展支撑。从2004年开始用相对完整的文化产业统计体系以来，我国文化产业的统计产值一直保持高位增速，增速大幅超过同期的GDP增速。据国家统计局2020年2月发布的数据，2019年全国规模以上文化及相关产业的5.8万家企业共实现营业收入86 624亿元，按可比口径计算比2018年增长7.0%，其中文化制造业营业收入36 739亿元，文化批发和零售业营业收入14 726亿元，文化服务业营业收入35 159亿元，分别比上年增长3.2%、4.4%和12.4%[②]。我国正从出版大国向出版强国迈进。目前我国的图书出版量、日报发行量均已居世界首位，数字出版和印刷业总体规模位居世界第二。我国工艺美术产业也位居世界前列，是当今全球最大的产品生产国和出口国[③]。从数量上看，我国也是世界第一位的动漫生产大

① 波澜壮阔四十载　民族复兴展新篇.（2018-08-27）. http://www.stats.gov.cn/ztjc/ztfx/ggkf40n/201808/t20180827_1619235.html.

② 2019年全国规模以上文化及相关产业企业营业收入增长7.0%. 中国政府网，2020-02-15.

③ 范周，等. 2018中国文化产业年度报告. 北京：知识产权出版社，2018.

国。此外，我国文化生产各领域的从业人数规模、主要文化机构数、图书期刊报纸出口规模、输出版权数量的快速增长等，无不体现着当代中国文化发展的繁荣兴盛。

四、不断增强的文化自觉

除却事实说话，当代中国文化自信的底气还来自我们在发展进程中不断增强的文化自觉。文化自信不是对自身文化价值做出的一种简单的主观判断和情感选择，而是必须建立在以理性态度为前提的文化自觉基础之上的，因为只有“生活在一定文化中的人对其文化有‘自知之明’，明白它的来历，形成过程，所具的特色和它发展的趋向”，才能掌握“对文化转型的自主能力，取得决定适应新环境、新时代时文化选择的自主地位”[①]，才能在当下文化发展中取得重大成就而获得文化自信的立足点。对于一个民族而言，尽管文化作为其存在以及区别于其他民族的方式无处不在，但文化自觉绝非自然获得。我们常说的中国封建社会后期“天朝上国”的文化心态，与我们今天所说的文化自信之间的差距就在于文化自觉的程度。当然，文化自觉的形成有一个极其不易的过程，但从当下的进程来看，不断增强的文化自觉已经越来越成为中国特色社会主义文化建设过程中的鲜明特征。

> 中华优秀传统文化是中华民族的精神命脉，是涵养社会主义核心价值观的重要源泉，也是我们在世界文化激荡中站稳脚跟的坚实根基。增强文化自觉和文化自信，是坚定道路自信、理论自信、制度自信的题中应有之义。
>
> ——习近平：《在文艺工作座谈会上的讲话》(2014 年 10 月 15 日)

当前中国不断增强的文化自觉，首先表现为中国共产党不断增强的文化自觉。从毛泽东时代

① 费孝通. 反思 对话 文化自觉. 北京大学学报（哲学社会科学版），1997（3）.

对革命文化“是革命的有力武器”[①]的认识，到建设社会主义精神文明，再到当前中国特色社会主义文化的建设，中国共产党始终坚持用先进文化为中华民族的伟大复兴提供强大的理论支撑和精神动力。从优秀传统文化的忠实继承者和弘扬者，到革命文化和社会主义先进文化的缔造者和开拓者，中国共产党对文化的地位与作用、文化发展的方向与道路、文化建设的指导思想与理论原则、文化建设的内容与方略、文化建设的目标与规划等方面的认识日趋深化，在文化理论的不断创新中积极为中华文化的发展谋篇布局。在革命战争年代，以毛泽东同志为主要代表的中国共产党人在建设发展新民主主义文化的实践中，就充分彰显着党领导人民传承中华优秀传统文化、发展革命文化的自觉与自信。毛泽东在《新民主主义论》一文中指出：“中国的长期封建社会中，创造了灿烂的古代文化。清理古代文化的发展过程，剔除其封建性的糟粕，吸收其民主性的精华，是发展民族新文化提高民族自信心的必要条件。”[②]毛泽东这里强调的“吸收其民主性的精华”，反映的就是中国共产党人传承优秀传统文化、建设新民主主义革命文化的高度自觉。新中国成立后，尤其是改革开放以来，中国共产党人从中国特色社会主义现代化建设事业的战略全局出发，高度重视文化发展问题，体现着高度的文化自觉意识。例如，改革开放决策提出之前，刚刚复出的邓小平主动要求分管科学和教育工作，以思想文化领域为突破口，顶层谋划部署一系列重大安排、战略举措，力挽狂澜，确立了新时期我国思想文化发展航标。

党的十八大以来，面对日趋激烈的国际文化竞争和愈加复杂的文化发展新境遇，中国共产党表现出更加强烈的文化自觉。这种高度的文化自觉，首先体现于以习近平同志为核心的党中央对文化在国家、民族发展中

① 毛泽东. 毛泽东选集：第 2 卷. 2 版. 北京：人民出版社，1991：708.

② 同① 707-708.

所处地位、所具作用的高度自觉。习近平总书记在纪念孔子诞辰 2 565 周年国际学术研讨会上深刻指出：“文明特别是思想文化是一个国家、一个民族的灵魂。无论哪一个国家、哪一个民族，如果不珍惜自己的思想文化，丢掉了思想文化这个灵魂，这个国家、这个民族是立不起来的。”[①] 正是基于对文化地位、作用、意义的高度自觉，习近平总书记和党中央将中国特色社会主义文化建设摆在国家发展中的突出位置，使文化建设的理论创新步伐进一步加快，对中国特色社会主义文化发展一系列重大问题的认识持续深化，形成了内容丰富、逻辑清晰、体系完备的中国特色社会主义文化建设的创新理论。新时代中国特色社会主义文化建设的创新理论，以提高国家文化软实力、建设社会主义文化强国为主题和总目标，以坚持社会主义核心价值体系为基本方略，以满足人民群众日益增长的精神文化需求以及对美好生活的期待为出发点与落脚点，围绕新的时代条件下“如何坚持和发展中国特色社会主义文化”这一重大时代课题，创造性地回答了中国特色社会主义文化建设的战略意义、理念原则、目标任务、实践路径等根本性问题，进一步揭示了社会主义文化强国建设的规律，更加明晰了社会主义文化强国建设的中国特色与本质要求，

> 发展中国特色社会主义文化，就是以马克思主义为指导，坚守中华文化立场，立足当代中国现实，结合当今时代条件，发展面向现代化、面向世界、面向未来的，民族的科学的大众的社会主义文化，推动社会主义精神文明和物质文明协调发展。要坚持为人民服务、为社会主义服务，坚持百花齐放、百家争鸣，坚持创造性转化、创新性发展，不断铸就中华文化新辉煌。
>
> ——习近平：《决胜全面建成小康社会　夺取新时代中国特色社会主义伟大胜利——在中国共产党第十九次全国代表大会上的报告》（2017 年 10 月 18 日）

① 习近平. 在纪念孔子诞辰 2 565 周年国际学术研讨会暨国际儒学联合会第五届会员大会开幕会上的讲话. 人民日报，2014-09-25.

随着传播手段和传播方式的创新，如今的故宫不仅仅是一座历史博物馆，还随着纪录片《我在故宫修文物》、故宫“周边”文创等，走进百姓的日常生活。截至 2018 年 12 月，故宫文创研发产品超 1.1 万件，越来越多的年轻人因此爱上了故宫文化。图为 2019 年 2 月 19 日晚的故宫午门角楼与圆月。故宫博物院于 2019 年元宵佳节举办“紫禁城上元之夜”活动，吸引了大批游客到“紫禁城”看花灯、赏民俗。

对为何以及如何推进社会主义文化强国建设问题做出了全面系统的回答，为新时代中国特色社会主义文化的创新发展提供了基本的理论遵循和重要的行动指南。

当前中国不断增强的文化自觉，还体现在社会全面觉醒的文化自觉之中。中西文化相遇以来，中国人民在中西比较中审视自身文化的历史已历数百年。历经深刻的自省和持久的争论，我们对自身的文化终于有了越来越清晰的“自知之明”、越来越理性的文化自视和越来越强烈的文化认同。曾经风靡一时的“精日”“哈韩”“崇美”等热潮逐渐褪去，中华优秀传统文化的魅力不断焕发，《大圣归来》《白蛇：缘起》《哪吒之魔童降世》等饱含中华文化因素的文化产品备受欢迎；“国学热”“汉服热”等传统文化热潮一再兴起；《故宫日历》、十珍图铅笔、千里江山纸胶带等故宫“周边”文创成为近年来文创界的“新晋网红”，广受青睐，仅 2017 年就创收 15 亿元；“中国诗词大会”“国家宝藏”等电视节目也捧红了一大批深受年轻人喜爱的“文化网红”；越来越多的人致力于京剧、太极拳、中医、书法等，自信自豪地向世界展现中国文化的绚烂多彩……不难发现，对于当代中国而言，文化自觉不只是一个学术话语，而且已被全社会普遍关注。全民文化自觉的不断觉醒与增进，已然成为新时代中国文化发展的鲜明特征。

03

第三章　价值观自信何以是文化自信之核?

核心价值观是文化软实力的灵魂，是决定文化性质和方向的最深层次要素。因此，文化自信之核是价值观自信。社会主义核心价值观是当代中国各族人民价值观的“最大公约数”，具有深厚的历史底蕴、坚实的现实基础、强大的道义力量，居于人类社会的价值制高点。坚定中国特色社会主义文化自信，最根本的就是坚定社会主义核心价值观自信。

一、价值观：文化的“主心骨”

任何一种文化体系的性质，都由其内含的价值观所决定；任何一种文化体系的魅力，都由其内含的价值观所彰显；任何一种文化体系的发展，都由其内含的价值观所规约。正是在这一意义上，习近平总书记将价值观喻作文化的主心骨，强调“加强文化建设要有主心骨，社会主义核心价值观要广泛宣传教育、广泛探索实践，使社会主义核心价值观成为引导人们前进的强大精神动力”[①]。

价值观是文化性质的根本体现。在世界文明的多样化版图中，各个民族之间长久以来存在着显著的文化差异，这种差异表现在语言文字、生活习性、宗教艺术、社会和家庭结构等方面，但归根到底由其价值观的差异所决定。马克斯·韦伯从世界经济发展史中看到了社会发展背后的文化因素，分析了资本主义文明的果实如何被“资本主义精神”的土壤所孕育。在韦伯看来，与其说是文化，不如说是16世纪宗教改革后近代西方所崇尚的新教价值体系成就了资本主义的制度体系。

---

① 主动把握和积极适应经济发展新常态推动改革开放和现代化建设迈上新台阶：习近平在江苏调研并发表重要讲话. 人民日报，2014-12-15.

价值观是全球文化交流交锋交融过程中展现文化魅力、生发文化力量的根本源泉。当今世界发展的一个重要特征是文化在各国、各民族发展中的地位和作用空前凸显。冷战之前，在衡量一国综合实力的传统标尺中，以军事和经济所代表的有形实力源具有不可撼动的压倒性地位。但是，20世纪50年代以来，文化以其隐性的存在方式和柔性的作用方式，在不同国家和各民族发展中对内凝聚人心、激发创造，对外展现吸引力、增强影响力，其地位和作用越来越突出。冷战结束后，这一态势愈发明显。正因如此，美国学者约瑟夫·奈从国际关系角度提出的软实力理论才会如此迅速地风靡全球。

如果说文化软实力这一话语明确揭示了在软实力背后的主要因素是文化，那么根植在文化最深处，让文化能够散发独特魅力、生发强大力量的根源是核心价值观。梁启超思考一国之影响力问题时曾言："国之见重于人也，亦不视其国土之大小，人口之众寡，而视其国民之品格。"[①] 梁启超这里所谓的"国民之品格"，即包含国民的根本价值追求、民族的核心价值观等内容。核心价值观是文化软实力的灵魂，是决定文化性质和方向的最深层次要素。习近平总书记曾把价值观喻为文化的"中轴"和国家的"稳定器"。从国际竞争的角度来看，文化软实力从根本上依靠的是核心价值观的吸引力、影响力。"价值观念在一定社会的文化中是起中轴作用的，文化的影响力首先是价值观念的影响力。世界上各种文化之争，本质上是价值观念之争"[②]。从国内实现国家认同、凝神聚力的角度来看，文化软实力从根本上依赖的是人们对其核心价值观的认同和追求："核心价值观是一个国家的重要稳定器，能否构建具有强大感召力的核心价值观，关系社

① 王德峰. 梁启超文选. 上海：上海远东出版社，2011：88.

② 中共中央文献研究室. 习近平关于社会主义文化建设论述摘编. 北京：中央文献出版社，2017：105.

会和谐稳定，关系国家长治久安。”[①]

价值观以及核心价值观在文化体系中的这种独特地位与功用，决定了其在文化体系中的“主心骨”地位，也使人们的价值观自信成为文化自信的内核。价值观自信，是一个国家和民族在推进文化发展的进程中有所依循、知所趋止、顽强进取的定力与韧性所在，也是一个国家和民族面对各种文明创造和文化滋养择善而纳、从容吞吐的气度与尺度所在。价值观自信的失落，会使一个国家和民族缺乏文化前行的定力、韧性、激情与从容，要么拜倒在异质文化的脚下不能自立，要么昧于世界文明潮流甘于自闭，要么茫然四顾迷失自我不知所向。在此境况下，文化的安全都将无法保障，更遑论文化的繁荣与强盛。文化强国，首在强魂。魂，即核心价值观。价值观自信与文化自信、与成就文化强国之间的这种内在关联，启示我们在建设文化强国的进程中，要把弘扬和践行社会主义核心价值观、不断增强中华民族的价值观自信摆在战略位置，强劲地确立起社会主义文化强国建设的价值观主轴，夯实我们走向文化强国的价值观基础。

二、社会主义核心价值观：当代中国的最大价值“公约数”

从历史纵深的视角看，当前中国社会处在实现中华民族伟大复兴的关键时期。从中外比较的视角看，当前中国社会处在全面对外开放的时代，中国日益走近世界舞台的中央，与世界接触、交流、互动的广度、深度均前所未有。处在这一古今中外的时空交汇点，当前中国社会的思想文化领域，包括价值观和精神信仰领域，呈现百舸争流、千帆竞渡、空前活跃的局面。

那么，当前这种百家之言、千派之学争芳斗艳的思想文化格局，究竟是有序的还是混乱的？当代中国文化是否存在为诸家所公认的思想观念？

① 中共中央文献研究室. 习近平关于社会主义文化建设论述摘编. 北京：中央文献出版社，2017：106.

亿万中国人民是否具有相应的价值共识？面对上述问题，我们是积极乐观的。作为文化的灵魂、核心和“主心骨”，价值观是维护社会稳定的重要精神纽带，是推动社会发展的重要精神动力。今天的中华民族不同于近代的一盘散沙状况，而是团结一心、稳定有序的和谐社会；当前的中国不同于近代百年间的虚弱落后境遇，而是一日千里、蒸蒸日上的。没有共同的理想信念、缺乏一致的价值共识，我们根本就不可能缔造出这一蓬勃发展的局面。“万山磅礴必有主峰，龙衮九章但挈一领。”那么，我们该如何认识当前中国社会多元价值观念激荡中的“主峰”和“一领”呢？

> 核心价值观，其实就是一种德，既是个人的德，也是一种大德，就是国家的德、社会的德。国无德不兴，人无德不立。如果一个民族、一个国家没有共同的核心价值观，莫衷一是，行无依归，那这个民族、这个国家就无法前进。
>
> 我国是一个有着13亿多人口、56个民族的大国，确立反映全国各族人民共同认同的价值观“最大公约数”，使全体人民同心同德、团结奋进，关乎国家前途命运，关乎人民幸福安康。
>
> 富强、民主、文明、和谐，自由、平等、公正、法治，爱国、敬业、诚信、友善，传承着中国优秀传统文化的基因，寄托着近代以来中国人民上下求索、历经千辛万苦确立的理想和信念，也承载着我们每个人的美好愿景。
>
> 习近平：《青年要自觉践行社会主义核心价值观——在北京大学师生座谈会上的讲话》(2014年5月4日)

可以说，改革开放以来我们在探索中国特色社会主义发展道路的同时，就开始自觉探索和凝练全民族的价值共识，以把中华民族的思想观念有效汇聚、整合起来。20世纪80年代召开的党的第十三次全国代表大会，在分析社会主义精神文明建设问题时便明确提到“要努力形成有利于现代化建设和改革开放的……价值观念”这一重要任务。21世纪以来，我们党探索中国人民共同价值追求的自觉性进一步增强。2006年10月，党的十六届六中全会首次提出“社会主义核心价值体系”这一重要范畴，并从马克思主义指导思想、中国特色社会主义共同理想、以爱国主义为核心的民族精神和以改革创新为核心的时代精神、社会主义荣辱观等方面深刻界定了社会主义核心价值体系的基本内容。党的十七大和十七届六中全会进一步深化和发展了我们对社会主义核心价值体系的认识。2012 年召开的党的十八大首次提出以富强、民主、文明、和谐，自由、平等、公正、法治，爱国、敬业、诚信、友善为基本内容的社会主义核心价值观，标志着我们党对当前中国社会核心价值观的认识有了重大突破。新时代以来，以习近平同志为核心的党中央围绕培育和弘扬社会主义核心价值观这一重大理论与实践课题，提出了一系列崭新命题、科学论断，擘画了一系列重大安排、战略部署，取得了一系列显著成绩、突出成效，中国共产党和中国人民的价值自觉和价值自信更为彰显。社会主义核心价值观，就是当前中国社会的价值共识，是中国人民的共同价值追求。用习近平总书记的话说，社会主义核心价值观就是反映全国各族人民共同认同的价值观“最大公约数”[①]。

为什么说社会主义核心价值观是反映全国各族人民共同认同的价值观“最大公约数”？如前所述，社会主义核心价值观的提出不是一蹴而就的，而是我们党在持续多年、逐步深入的探索中凝练出来的。习近平总书记对这一艰辛过程有过扼要述及。他说，社会主义核心价值观的凝练“是一个理论问题，也是一个实践问题”，是我们党“经过反复征求意见，综合各方面认识”基础上提炼而成的[②]。这里的“反复征求意见”和“综合各方面认识”，体现的就是社会主义核心价值观在当代中国社会所具有的共识性。那么，社会主义核心价值观何以能够代表当前中国的最大价值“公约数”呢？

①② 习近平. 习近平谈治国理政：第 1 卷. 2 版. 北京：外文出版社，2018：168.

首先，社会主义核心价值观与中华民族数千年来的精神追求相契合。习近平总书记曾在许多场合反复用“根本”“源泉”的比喻，生动阐述中华优秀传统文化与社会主义核心价值观的源流一体关系。比如，十八届中共中央政治局围绕培育和弘扬社会主义核心价值观问题举行第十三次集体学习时，习近平总书记深刻指出：“培育和弘扬社会主义核心价值观必须立足中华优秀传统文化。牢固的核心价值观，都有其固有的根本。抛弃传统、丢掉根本，就等于割断了自己的精神命脉。”[①] 中华优秀传统文化包含着丰富的讲仁爱、重民本、守诚信、崇正义、尚和合、求大同等精神追求，这与社会主义核心价值观多有契合。24 字的社会主义核心价值观，充分体现了对中华优秀传统文化的传承和升华。

毛泽东曾说过：“今天的中国是历史的中国的一个发展；我们是马克思主义的历史主义者，我们不应当割断历史。”[②] 中华优秀传统文化早已积淀为中华民族的精神基因，成为中华民族的精神标识，在潜移默化中深刻影响着当代国人的精神追求和文化性格。可以说，与优秀传统文化深相契合的社会主义核心价值观，就是深深融注于中华民族精神血脉之中的这种“基因”“标识”的时代表达，是当代中国人民的价值“共识”和价值“公约数”。

其次，社会主义核心价值观与近代以来中华民族的价值追求相承接。近代时期中华民族和中华文化遭遇了前所未有的挑战和危机。中国共产党带领中华儿女奋不顾身地投入革命战争的滚滚洪流。革命先烈们究竟怀着什么样的价值追求而前赴后继地谱写这部可歌可泣的斗争史诗呢？他们的目的，是推翻反动政权并建立一个人民当家作主的民主之国，是打破等级与枷锁建立一个人人平等的自由之国，是摆脱贫弱落后现状建立一个富足、强大、文明、昌盛的发达进步之国。这些价值目标统摄于爱国主义的

① 习近平. 习近平谈治国理政：第 1 卷. 2 版. 北京：外文出版社，2018：163-164.

② 毛泽东. 毛泽东选集：第 2 卷. 2 版. 北京：人民出版社，1991：534.

伟大旗帜之下，激励着英勇的中华儿女在战火与硝烟中勇往直前，用自己的鲜血和生命浇铸成红船精神、井冈山精神、苏区精神、长征精神、延安精神、抗战精神、西柏坡精神等伟大红色革命精神，照耀着中华民族驱尽黑暗和苦难，迎来朝阳和新生。近代中华民族的价值追求是优秀传统价值理念在近代革命实践中的发展，并且汇入了中华民族的精神血脉之中。我们今天倡导的 24 字社会主义核心价值观，无论是在字面表述上还是在实质内涵上，都与我们民族的近代价值追求一体同源、一脉相承。2014 年五四青年节之际，习近平总书记与北大师生共论社会主义核心价值观时深刻指出，“富强、民主、文明、和谐，自由、平等、公正、法治，爱国、敬业、诚信、友善，传承着中国优秀传统文化的基因，寄托着近代以来中国人民上下求索、历经千辛万苦确立的理想和信念”[①]。这是社会主义核心价值观所以构成当代中国人民最大价值“公约数”的又一重要原因。

> 我们倡导的富强、民主、文明、和谐，自由、平等、公正、法治，爱国、敬业、诚信、友善的社会主义核心价值观，体现了古圣先贤的思想，体现了仁人志士的夙愿，体现了革命先烈的理想，也寄托着各族人民对美好生活的向往。只要是中国人，就应该自觉培育和践行社会主义核心价值观。
>
> ——习近平：《从小积极培育和践行社会主义核心价值观》（2014 年 5 月 30 日）

最后，社会主义核心价值观与当代中华民族的共同奋斗实践相统一。价值观属于社会的意识形态范畴。从根本上说，价值观是立足于特定社会经济基础的观念性上层建筑。因此，一个社会的大多数人所追求的价值观，不只是一些美好的字眼。它们反映的是基于特定现实基础的时代精神、时代风貌。我们之所以说社会主义核心价值观是当代国人的最大价值“公约数”，就是因为社会主义核心价值观深植于亿万国人

① 习近平．习近平谈治国理政：第 1 卷．2 版．北京：外文出版社，2018：169.

齐心奋斗的中国特色社会主义现代化实践，具有坚实的现实根基。以爱国为例，习近平总书记讲过一句非常深刻的话，他说：“实现中华民族伟大复兴的中国梦，是当代中国爱国主义的鲜明主题。”可以说，努力投身于中国特色社会主义现代化事业，追求中华民族伟大复兴的中国梦，是当代爱国者的一个价值共识。2020 年伊始，突如其来的新冠肺炎疫情严峻威胁着人民的生命安全和国家的有序发展。在随之展开的轰轰烈烈的伟大抗疫斗争中，广大白衣战士不惧艰险、逆行出征，人民子弟兵闻令而动、忘我拼搏，广大科技工作者、基层社区人员履职担当、日夜奋战，广大志愿者、全国民众与海内外华侨华人一道守望相助、无私奉献。这些都是爱国主义精神的生动体现，是中国人民和中华民族夺取抗疫斗争胜利成果的精神保证。2020 年 5 月，习近平总书记在我国疫情防控阻击战取得重大战略成果之际，回顾此前全体人民勠力同心共战疫情的伟大斗争并深刻指出：“我们弘扬社会主义核心价值观，全国各族人民风雨同舟、和衷共济，爱国主义、集体主义、社会主义精神广为弘扬，涌现出大批英雄模范，铸就起团结一心、众志成城的强大精神防线。”“国家需要，我义不容辞”“不论生死，随时听命”“不计报酬，无论生死”……一声声呐喊、一幕幕壮举，无不真切体现着在危险和磨难面前中华民族团结奋进的爱国主义精神。而要扎实推进当代中国的社会发展，我们不仅需要弘扬爱国精神，而且需要倡导敬业价值观，遵循诚信、友善等道德要求。这都深刻体现了我们倡导的社会主义核心价值观与当代中华民族共同奋斗实践的统一关系，揭示了社会主义核心价值观的价值共识属性。

三、社会主义核心价值观：人类社会的价值制高点

不同的时代有不同的价值观念。当代中国亿万民众共同追求的社会主义核心价值观，因其具有的先进性、真理性和道义性等特点而居于人类社

会的价值制高点。

社会主义核心价值观的先进性主要体现在：社会主义核心价值观是社会主义制度的内在灵魂，社会主义制度是人类社会迄今最为先进的社会制度。社会主义核心价值观的真理性主要体现在，社会主义核心价值观的理论基础——马克思主义本身具有深刻的科学性和真理性，社会主义核心价值观具有鲜明而独特的实践品格。此外，一个思想理论、一套价值规范，其真理性和道义性往往相辅相成。没有真理性的支撑，再美好的道义主张也只能是空想而不切实际；离开了道义性的感召，真理的探索亦会失去蓬勃向上的生机与活力。因此，只有真理的力量加上道义的力量，思想理论和价值规范才能行之久远。我们今天倡导的社会主义核心价值观，在具有深刻真理性的同时，亦具有强大的道义力量。社会主义核心价值观的道义性，源于其以人民为中心的根本立场。社会主义核心价值观的先进性、真理性和道义性彼此联系、相互统一，使我们的价值追求牢固占领着人类社会的价值制高点，充分展现着社会主义核心价值观的优越性，对此我们应有坚定的价值自觉和价值观自信。

这里详细谈谈社会主义核心价值观的实践品格。

作为人们的一种观念系统，价值观属于社会意识范畴。任何价值观念都有其特定的社会生产实践基础，并服务于这一实践基础。奴隶社会的价值观取代原始社会的价值观，封建主义的价值规范让位于资产阶级的价值追求，其背后都反映着社会实践基础的深刻变化。但是，具有客观实践基础的价值观，并不意味着一定具有尊重客观实践的主观品格，更不意味着具有符合实践要求的客观真理性。以东西方古代思想历史上主流的伦理价值观为例，这些价值观的产生，固然有其客观的社会实践基础，但中国古代的卫道者和西方中世纪的传教士，却往往在主观上力图摆脱这一实践基础，将他们的价值理念植根于缥缈玄远的“天”或“上帝”，并试图反过来把社会现实视为这种抽象的世界体系和价值范畴的派生物，由此产生了人类思想史上形形色色的唯心主义传统。如宋明思想家在充分吸收印度佛教文化的基础上，以“天理”范畴为核心，建构了一套精深复杂的世界观体系，从中引申出儒家仁义礼智的核心价值理念，并以之解释和规范现实世界的人伦关系。西方中世纪的基督教，更是把“上帝”描绘为一个人格神的形象，将之视为万物的本源，并将规范人际关系的价值准则视为上帝传达给人的诫命。这些价值观，显然不具备客观的真理性。

> 费尔巴哈是从宗教上的自我异化，从世界被二重化为宗教世界和世俗世界这一事实出发的。他做的工作是把宗教世界归结于它的世俗基础。但是，世俗基础使自己从自身中分离出去，并在云霄中固定为一个独立王国，这只能用这个世俗基础的自我分裂和自我矛盾来说明。因此，对于这个世俗基础本身应当在自身中、从它的矛盾中去理解，并且在实践中使之发生革命。
>
> ——马克思：《关于费尔巴哈的提纲》（1845 年）

建立在理性启蒙基础上的资产阶级文化，虽然高扬人本主义思想，在扬弃古代神学传统的同时将文化和价值观建立在人的基础之上；但资产阶级思想家们笔下的“人”，并不是现实的、感性的人，而是先天的“人性”，是脱离现实的抽象假设。这就使得资产阶级倡导的自由平等价值理念流为一种虚假的意识形态。比如，德国哲学家康德在构建其道德学体系时，虽然宣称“人是目的”，但他同时宣布作为“目的”的人，不是现实的、活生生的个体的“人”，而是所谓“人格中的人性”这一极其抽象的假设，以至于康德本人在其著作中基于抽象的道德法则思考人在具体实践中的行为方式时，往往得出违背自己提出的“人是目的”的实践准则。

此外，资产阶级价值观的“虚伪性”，还体现在他们高喊人性和自由的同时，却在扼杀工人阶级的人性和自由；高喊平等和博爱的同时，却在自己和无产者之间筑起一道难以逾越的等级障碍。时至今日，当越来越多的金钱和越来越大的特权集中在美国少数精英和权贵手中时，2011 年 9 月美国纽约爆发了震惊美国和世界的“占领华尔街”运动，在这场持续数月之久的抗争运动中，代表美国 99% 人口的普通人民控诉 1% 的美国精英的剥削和压榨。后据总部位于华盛顿特区的一家美国智库——经济政策研究所的调研，2015 年美国最富有的 1% 家庭的收入，是底层 99% 家庭收入的 26.3 倍，而且这一差距在持续拉大。一幅流行漫画讽刺说这一现状绝不是“美国梦”的一部分。2020 年 3 月，新冠肺炎疫情在美国政府的刻意隐瞒、“淡化”下，逐渐肆虐全美。面对富人可以优先接受检测而穷人只能被迫苦等或放弃检测的不平等状况，美国总统特朗普居然说出“这就是人生”的骇人之语。2020 年 5 月，美国黑人男子乔治·弗洛伊德被白人警察跪压脖子而窒息死亡。弗洛伊德死前绝望喊出的“我无法呼吸”，燃起了长期承受种族歧视之苦、贫富分化之痛的美国中下层

西方进入资本主义发展阶段后一直高扬“自由”“民主”的大旗，然而其自由不过是资产阶级的自由，民主也不过是上层社会的游戏，处于社会底层的广大民众不少仍饱受饥寒之苦。美国媒体将美国的制度与文化描绘成美好的、“普世”的，而对资本财团的操控闭口不谈。2011 年 9 月爆发的“占领华尔街”运动直指美国资本主义制度的象征华尔街，其后迅速成为席卷全美的群众性社会运动，抗议浪潮蔓延至洛杉矶、波士顿、芝加哥、华盛顿等美国数十座城市，凸显西方资本主义制度下财富分配鸿沟不断增大的深层矛盾，“平等”口号在日益撕裂的社会现实中沦为虚言。图为 2011 年 9 月 30 日，华尔街附近的祖科蒂公园中一名男士参加抗议活动。

民众的反抗怒火。人们举着“我无法呼吸”“黑人的命也是命”的标语，在全美掀起了声势浩大的游行示威运动。这些颇具代表性的事例无不深刻揭示了西方资产阶级倡导的所谓“自由”“平等”价值观与西方社会现实之间的尖锐对立，揭示了其价值理念的虚伪性。

与脱离社会现实宣扬抽象人性论的资产阶级价值观不同，我们倡导的社会主义核心价值观始终立足于具体的社会现实，始终服务于感性的现实的个人。社会主义核心价值观不是我们在书斋里或玄想中推演出来的抽象辞藻，而是中国共产党人以高度的价值自觉，扎根中国特色社会主义现代化实践，在长期探索、反复凝练的基础上提出的鲜活价值表达。比如，国家层面的富强民主文明和谐，原本就出自我们在社会主义建设实践进程中对国家发展目标的长期探索，具有深刻的现实基础。也正因如此，我们才一再强调我们价值追求的中国特色和社会主义特色，而不是脱离实际地将其视为适用于一切社会阶段和社会形态的永恒真理。因此，当西方人脱离西方资产阶级价值观的实践基础，空谈毫无依据的所谓“普世价值”时，我们在唯物主义世界观和方法论指引下，始终坚持价值观的历史性、民族性、时代性特点，始终坚持植根于中国特色社会主义现代化实践凝练当代国人的价值共识。这就有力确保了我们提出的社会主义核心价值观尊重客观实践的可贵品格和符合实践要求的客观真理性，确保了社会主义核心价值观得以居于人类社会价值追求的真理制高点。

总的说来，社会主义核心价值观有深厚的历史底蕴和坚实的现实基础，其所倡导的价值理念具有强大的道义力量，其所昭示的前进方向契合中国人民的美好愿景。在全社会培育和弘扬社会主义核心价值观，有助于巩固全国人民团结奋斗的思想基础，有助于凝聚中华民族勇往直前的磅礴精神伟力。

四、坚持价值观培育的“知行合一”

价值观来源于实践，其本身就是人们社会实践的产物；价值观又服务于实践，在人们的社会生产和交往实践中发挥着导航定向作用。因此，价值观不是一组只供人们记诵的口头词语，而是一套社会实践准则。培育和弘扬社会主义核心价值观必须扎根社会实践，做到习近平总书记要求的“坚持知行合一、坚持行胜于言”[①]。

什么是知行合一？价值观培育的知行合一原则究竟指什么？毛泽东在《实践论》一文中运用马克思主义的基本原理深刻剖析了知行关系问题，该文的副标题就是“论认识和实践的关系——知和行的关系”。他说：“你要有知识，你就得参加变革现实的实践。你要知道梨子的滋味，你就得变革梨子，亲口吃一吃。”[②] 可见，真正意义上的“知行合一”，强调知离不开行、行离不开知，知与行本来就是统一的。那么，我们在培育和弘扬社会主义核心价值观的实践中如何做到知行合一呢？坚持价值观培育的知行合一，关键要做到习近平总书记强调的八个字——“以行求知”和“以知促行”[③]。

> “凿井者，起于三寸之坎，以就万仞之深。”青年要从现在做起、从自己做起，使社会主义核心价值观成为自己的基本遵循，并身体力行大力将其推广到全社会去。
>
> ——习近平：《青年要自觉践行社会主义核心价值观——在北京大学师生座谈会上的讲话》（2014 年 5 月 4 日）

第一，“以行求知”，在实践中深化对社会主义核心价值观的理解和领悟，将核心价值观的要求真正内化于心。前已指出，社会主义核心价值观因其具有历史

① 当好全国改革开放排头兵　不断提高城市核心竞争力：习近平在上海考察并发表重要讲话. 人民日报，2014-05-25.

② 毛泽东. 毛泽东选集：第 1 卷. 2 版. 北京：人民出版社，1991：287.

③ 中共中央举行纪念刘少奇同志诞辰 120 周年座谈会. 人民日报，2018-11-24.

先进性、客观真理性和鲜明道义性而居于人类社会的价值制高点。现在的问题是，我们怎么才能真切感知社会主义核心价值观的真理力量？马克思在《关于费尔巴哈的提纲》中谈论人的认识和思维的真理性时深刻指出："人的思维是否具有客观的真理性，这不是一个理论的问题，而是一个实践的问题。人应该在实践中证明自己思维的真理性，即自己思维的现实性和力量。"① 真正理解社会主义核心价值观的先进性、真理性与道义性，关键不靠理论上的滔滔雄辩，关键依靠我们在实践中的体察和感悟。我们应在亿万同胞齐心开展的中国特色社会主义现代化建设伟业中亲身感受当代中国人民对富强民主文明和谐的价值向往，在日常社会生活的点滴之中感受人们日益增长的对自由平等公正法治的渴望，在国家发展的傲人成就和社会生活的日益进步中感受新时代中华儿女的爱国情怀、敬业精神、诚信意识、友善风尚。只有在实践中深刻体认到社会主义核心价值观的先进性、真理性和道义性，才能切实增进我们的价值观认同和价值观自信，增进我们践行社会主义核心价值观的行动自觉。

第二，"以知促行"，在落细、落小、落实上下功夫，把社会主义核心价值观的要求外化于行。人们经常把价值观比作"魂气"，把价值观的培育喻为"凝魂聚气""变化气质"的工作。魂与气都是无影无形的，我们看不见也摸不着；同时，魂与气又至关重要，须臾不可离。魂与气的比喻，不仅生动描述了价值观的重要性特征，而且指出了价值观培育的一个基本原则，即在细处着手，在小处发力，在实处用功，时时刻刻

【名言】

夫耳闻之，不如目见之；目见之，不如足践之。——（汉）刘向

天下之事，闻者不如见者知之为详，见者不如居者知之为尽。——（宋）陆游

不行万里路，不读万卷书，欲作画祖，其可得乎？——（明）董其昌

① 马克思，恩格斯. 马克思恩格斯文集：第1卷. 北京：人民出版社，2009：500.

注意使自己的言行举止符合价值观的准则和要求。习近平总书记论及社会主义核心价值观培育问题时反复强调要“使之像空气一样无处不在、无时不有，成为全体人民的共同价值追求，成为我们生而为中国人的独特精神支柱”[①]。“像空气一样无处不在、无时不有”的形象比喻，就是要求我们在深化价值观认知和认同的基础上，努力将之外化为指导我们社会实践方方面面的基本价值准则。

“知者行之始，行者知之成。”没有对社会主义核心价值观的深刻认知，我们就行无所依；离开对社会主义核心价值观的积极践行，我们也不可能形成关于核心价值观的通达之知。在培育和弘扬社会主义核心价值观的实践中，只有坚持知行合一的原则，努力做到以行求知、以知促行，才能在全社会真正形成崇德向善的良好风尚。

① 习近平. 在文艺工作座谈会上的讲话. 人民日报，2015-10-15.

04

第四章　如何“不忘本来”，传承基因？

文化在传承中创新，在创新中发展，在发展中得以延绵不绝、生生不息。今天的中国特色社会主义文化，是对中国古代优秀传统文化和近代以来革命文化这两个“传统”的继承和发展。尊重历史，“不忘本来”，传承优秀传统文化基因，在深刻把握中华优秀传统文化精义的基础上，积极推动其实现创造性转化和创新性发展，发扬红色传统、传承红色基因是增进当代中国文化自信的内在要求。

一、文化现代化不能割断优秀传统

传承与创新相统一，是文化发展的基本规律。很多思想家常常把文化比喻为根繁叶茂、生生不息的大树。对一棵大树而言，没有深埋于地下的根脉滋养，其枝干就不可能萌芽吐蕊；同时，离开了沐浴在阳光和空气中的枝叶的反哺，地下的根系也不可能永葆生机与活力。正是由于根脉和枝叶交互作用，整棵大树才能欣欣向荣。当下文化的蓬勃发展，离不开传统根基的支撑和滋养；传统文化的代谢与新生，也离不开人们在当下环境中的创新与创造。正是在这一意义上，习近平总书记在亚洲文明对话大会开幕式上深刻指出：“文明永续发展，既需要薪火相传、代代守护，更需要顺时应势、推陈出新。”[①] 可以说，传承与创新相互统一，是文化发展的基本规律。文化现代化必须基于文化的历史和传统，而不能背离历史、绕过传统。

率先开启文化现代化的西欧国家，正是在传承欧洲历史文化传统的基

① 习近平. 深化文明交流互鉴　共建亚洲命运共同体：在亚洲文明对话大会开幕式上的主旨演讲. 人民日报，2019-05-16.

拉斐尔作品《雅典学派》

欧洲文艺复兴时期，涌现出达·芬奇、米开朗琪罗和拉斐尔等一大批杰出的艺术家。他们汲取了古希腊、古罗马文化艺术的养分，特别是人文主义的精神，并对其进行新的诠释，实现了传统与现代的完美联通。正如恩格斯在《〈自然辩证法〉导言》中指出的：“拜占庭灭亡时抢救出来的手稿，罗马废墟中发掘出来的古代雕像，在惊讶的西方面前展示了一个新世界——希腊古代。”文艺复兴时期的伟大艺术家们，在继承古希腊、古罗马思想文化的基础上，顺应当时的社会思想潮流，利用已有的科学成果，依靠新奇大胆的想象，深入挖掘古典文化中人本主义的新内涵，实现了传统文化的新生。

础上，实现了文化突破和文明革新，并最终完成了文化的现代化历程。欧洲文艺复兴时期，意大利著名诗人彼特拉克，为西欧的文化现代化做出了重要贡献。与同时代的其他诗人类似，彼特拉克在反抗中世纪禁欲主义的宗教文化时，歌颂爱情，高扬人性，被后世称为“人文主义之父”。但彼特拉克的人文主义不是凭空自创的，而是对古希腊罗马时期人本文化的“回归”和弘扬，这就是人们把以彼特拉克等为代表的思想大师们开启的文化现代化运动称为“文艺复兴”的真实意涵。比如，彼特拉克的代表作《歌集》一书中既有对人的自由和爱情的讴歌，也有对希腊罗马古典文化的向往，作者甚至写下“罗马雄伟壮丽的风姿，让我悔恨昔日对爱情的胡言乱语”的风趣诗句，并呼吁人们“重铸古罗马的黄金时代”[①]。启蒙运

① 彼特拉克. 歌集. 李国庆，王行人，译. 广州：花城出版社，2000：96，207.

动时期是西欧文化完成现代转型的关键时期，也是古希腊罗马传统文化全面复兴的重要时期。英国著名诗人和政论作家、曾被马克思称为“社会主义的急先锋”的雪莱说：我们全都是希腊人，我们的法律、我们的文学、我们的宗教、我们的艺术，都起源于希腊，如果没有希腊，我们现在还可能蒙昧、无知、与野人无异。“希腊”一词在近代西方文化中的地位是如此之高，以致“言必称希腊”一时成为欧洲文化界的普遍现象。在启蒙思想家看来，希腊就是欧洲文化的“原乡”，“希腊人”就是文化和文明的代表，所谓“启蒙”，在一定意义上就是寻回并光大希腊文化倡导的理性、自由和平等精神。可以说，没有对古代传统文化的“回归”和发扬，就没有西方文化的现代化运动。

时至今日，扎根传统文化并从中汲取丰富滋养，仍是世界各国推进文化建设的共同选择。以西方发达国家为例，西方文化的历史和传统，不仅是它们建构当代文化的根基，而且是世界文化交往中标识其文化身份和文化特色的鲜亮名片。比如，德国面向全世界推广德语和德国文化时的一个重要品牌，就是遍布数十个国家和地区的“歌德学院”。与之相似的还有西班牙推出的“塞万提斯学院”等。将自身民族历史上的文化名人作为代表其国家和民族文化的符号，体现出西方国家在当代的文化建设和文化传播中对历史文化传统的自觉认同和主动归依。我们再具体

《解放了的普罗米修斯》是 18 世纪英国浪漫主义诗人雪莱的一部重要代表作。作品取材于古希腊神话，普罗米修斯为了让人类获得光明，偷盗天火，因此触怒了宙斯，于是被缚在山崖上，饱受永无期限的折磨。但他顽强不屈，不向残暴的统治者低头。最终暴君被推翻，普罗米修斯获得了彻底的解放。普罗米修斯是善良、勇敢的化身，他这种不屈不挠的品质鼓舞着被奴役、被压迫的人民群众与封建统治者进行顽强斗争。雪莱的这部作品具有强烈的革命和反抗色彩，同时也反映了当时历史条件下，人们渴望自由幸福生活的美好愿望。

一点思考：歌德、塞万提斯等为何能够做出卓越的文化贡献并成为今日德国、西班牙的文化名片呢？因为这两位伟大作家本身就是文艺复兴和启蒙运动时期主张继承西方古代传统文化的重要代表人物，他们正是在充分吸收西方古代历史文化精华的基础上，创造出了新的不朽的文化名篇。2019年4月，一场意外的大火焚毁了巴黎圣母院的塔楼。这座有着800多年历史、藏有无数艺术文化珍宝的古典建筑，一时间引起了举世关注，来自不同国家的人们对巴黎圣母院丰富典藏的命运纷纷表示关切和担忧。这一现象从侧面反映了当今世人对历史文化传统的普遍看法，即历史文化传统是当今人们的宝藏，是我们开创未来、走向明天的根基和支撑。

继承和弘扬中华优秀传统文化与革命文化，是新时代中国特色社会主义文化发展的必然要求。近代中国的现代化历程，是在与西方列强的碰撞中被动开启的。因此，以高举“师夷长技”口号的洋务运动为开端的近代中国社会的现代化，在表面上呈现出向西方学习的“西方化”特征。从洋务运动到戊戌变法，从辛亥革命到新文化运动，中国的现代化，就是从器物、制度到思想文化逐渐深入地学习西方的过程。这也就是胡适、陈序经等人在新文化运动中喊出“全盘西化”口号背后的历史逻辑。但在事实上，“现代化”并不等于“西方化”。在现代化进程中以开放包容的胸襟学习人类先进文化，不仅是没有问题的，而且是应该和必需的。但是，如果

【释义】

“师夷长技以制夷”最早由魏源提出，他在林则徐《四洲志》的基础上，补充大量资料，写成《海国图志》一书，提出“师夷长技以制夷”的主张。这一思想包括三个方面的内容：首先是“悉夷情”，即必须要先了解外国的基本情况，这是我们学习外国科学技术的前提。其次是“师夷长技”，即学习西方的先进科学技术，尤其是军事技术。最后是“制夷”，即提振国力，免遭外国侵略，这是最终的目的。魏源还强调西方科学技术不是奇技淫巧，反对因循守旧、自高自大、故步自封的思想。

在学习他人时完全否定自身的历史和传统且“全盘”照搬他国经验，则是在根本上背离我们前面指出的“传承与创新相统一”这一文化发展基本规律的。因此，近代中国这种“全盘西化”的文化主张注定行不通。中国共产党人之所以能够在近代民族危机中担负起拯救中华民族和中华文化命运的重任，就是因为共产党人在学习诞生于欧洲的马克思主义先进文化时，注重将这一思想理论与中国历史文化传统和现实国情相结合，从而在马克思主义中国化的实践中创造出代表中国文化现代化方向的革命文化和社会主义先进文化。

> 中国共产党从成立之日起，既是中国先进文化的积极引领者和践行者，又是中华优秀传统文化的忠实传承者和弘扬者。当代中国共产党人和中国人民应该而且一定能够担负起新的文化使命，在实践创造中进行文化创造，在历史进步中实现文化进步！
>
> ——习近平：《决胜全面建成小康社会 夺取新时代中国特色社会主义伟大胜利——在中国共产党第十九次全国代表大会上的报告》(2017 年 10 月 18 日)

五四运动前后，中国思想文化领域的新旧之争、中西之争空前激烈。不同于“西化派”割裂新旧文化、中西文化的偏激立场，一批马克思主义者主张在批判继承的基础上，推动优秀传统文化的创新发展。1919 年 3 月，李大钊在五四运动爆发前夕，发表《新旧思潮之激战》一文。李大钊在文章开篇就明确指出：“宇宙的进化，全仗新旧二种思潮，互相挽进，互相推演，仿佛像两个轮子运着一辆车一样；又像一个鸟仗着两翼，向天空飞翔一般。”① 李大钊关于传统文化与现代文化之间的鸟之双翼、车之两轮比喻，形象地表达了中国马克思主义者在创造发展新文化过程中对传统文化的推重。李大钊在文中呼吁人们对传统思想、传统文化“要有自信独

① 李大钊. 李大钊全集：第 2 卷. 北京：人民出版社，2013：431.

守的坚操”[1]，更是体现着中国马克思主义者的文化自觉和文化自信。正是基于这种坚定的文化自信心态，中国共产党人在革命、建设、改革实践中，于传承发展优秀传统文化基础上，创造了卓越的革命文化和社会主义先进文化。

改革开放以来，尤其是党的十八大以来，以习近平同志为核心的党中央在领导开展中国特色社会主义文化建设的实践中，以更加自觉的意识、更为自信的心态对待中华优秀传统文化和革命文化。习近平总书记反复强调，“中华优秀传统文化是中华民族的突出优势，是我们最深厚的文化软实力”。“光荣传统不能丢，丢了就丢了魂；红色基因不能变，变了就变了质”。“求木之长者，必固其根本；欲流之远者，必浚其泉源。”以高度的文化自觉和文化自信，积极传承和弘扬中华优秀传统文化和革命文化，是新时代我们开展中国特色社会主义文化建设、实现中华文化现代化转型的题中应有之义。

二、中华优秀传统文化的基本内涵

中华优秀传统文化延绵五千多年，内容博大精深。弘扬中华优秀传统文化，要深刻把握其中的基本内涵和精华元素。党的十八大以来，习近平总书记高度重视对中华优秀传统文化精华的凝练和概括，要求我们“把优秀传统文化的精神标识提炼出来、展示出来，把优秀传统文化中具有当代价值、世界意义的文化精髓提炼出来、展示出来”[2]。中华优秀传统文化的精华、精髓到底是什么？我们究竟应从哪些角度和方面，概括、总结中华优秀传统文化的基本精神？ 2014 年 2 月，习近平总书记主持十八届中央政治局第十三次集体学习，在谈到要“讲清楚中华文化的独特创造、价值

---

① 李大钊. 李大钊全集：第 2 卷. 北京：人民出版社，2013：431.

② 习近平. 习近平谈治国理政：第 3 卷. 北京：外文出版社，2020：314.

理念、鲜明特色，增强文化自信和价值观自信”时，他强调要“深入挖掘和阐发中华优秀传统文化讲仁爱、重民本、守诚信、崇正义、尚和合、求大同的时代价值，使中华优秀传统文化成为涵养社会主义核心价值观的重要源泉”①。仁爱、民本、诚信、正义、和合、大同，可以说是中华民族千百年来的重要价值追求。那么，我们该如何理解中华优秀传统文化中的这种仁爱精神、民本理念、诚信追求、正义价值、和合文化及大同向往呢？

1. 讲仁爱

“仁”是我们日常生活中的一个常见词汇。我们经常吃的零食，很多都以“仁”命名，如桃仁、杏仁、瓜子仁等。我们为什么把包括瓜果在内的植物种子叫作“仁”呢？瓜果种子和传统文化中的“仁爱”有什么关联呢？

北宋有位儒者叫谢良佐，是“二程”的高足，著名的“程门四先生”之一。他就曾思考过这个问题，并且给出了非常精彩的答案。谢良佐说：“桃杏之核可种而生者，谓之桃仁、杏仁，言有生之意。推此，仁可见矣。”（《上蔡语录・卷一》）什么意思呢？就是说，人们之所以把桃、杏的核称为“仁”，是因为桃、杏之核里面孕育着无限生机，把它们放入土壤中，它们就可以破土而出，发出新的桃杏根芽，乃至抽枝吐蕊，春华秋实。谢良佐从“生”的角度解释“仁”，可以说是把握住了“仁”德的精义。在古人看来，“仁”，意味着生命的跃动和绽放，意味着对活泼泼的生命的喜爱、愉悦和尊重。《孟子》中有一段阐明仁爱含义的论述，强调的就是仁者对生命的关爱。齐宣王曾经问孟子：“像我这样的人，具备平治天下的仁德吗？”孟子回答说：“当然具备！”为什么呢？因为有一天齐宣王看见有人要把一头牛宰了祭钟，看到牛因为恐惧而哆嗦可怜的样子，齐

① 习近平. 习近平谈治国理政：第 1 卷. 2 版. 北京：外文出版社，2018：164.

宣王就对人说："舍之，吾不忍其觳觫，若无罪而就死地。"孟子直接评价说："是乃仁术也！"孟子为什么说齐宣王的这种表现包含着仁术呢？因为齐宣王看到将死之牛时，内心刹那间激起的怜悯，就凸显着对生命的同情和尊重，这就是仁爱。

谈到这里我们可以发现，儒家的仁爱美德，不仅指向人，而且指向动物、植物，指向天地间的一切生命物。一位儒者，如果能够把同情之心扩充到天地万物，就达到了儒家推崇的最高道德境界，即"天人合一"。什么是天人合一？就是我们以仁爱之心感受天地自然的生命跃动，以仁爱之心把自己与天地联通起来。这就是宋儒程颢"仁者以天地万物为一体"的道德感悟所包含的天人一体境界。

中华优秀传统文化中的仁爱美德，强调由近及远地把我们的同情之心推广到一切人、一切生命之上，主张"老吾老，以及人之老"，强调在爱己家国的同时，尊重他族、他国，做到"协和万邦"（《尚书·尧典》）、"万国咸宁"（《周易·乾·彖》）。今天，我们国家在国际上倡导的和平思想、发展理念、合作精神、共赢文化、人类命运共同体，无不体现着中华优秀传统文化中"仁爱"美德的这种推己及人精神。可以说，要解决人类21世纪的发展难题，必须借助中华优秀传统文化的宝贵资源，必须发挥中华传统美德中的仁者爱人精神。我们要对自己传统文化的当代价值充满信心，要有做中国人的骨气和底气。

2. 重民本

中国古人将道德领域里追求的仁爱美德运用于政治领域，就产生了内涵丰富的民本思想。传统民本思想是现代民主理念的源泉和土壤，具有十分宝贵的时代价值。

其一，传统民本思想包含深刻的主权在民理念。中华先哲认为，天化生了包括人在内的世间万物，就连开展社会治理的君王，也是上天安排的。那么天意、天命到底是什么？中国古人认为，天意通过民意来显露，天命经由民心来体现，天的意志本身就是民的意志的抽象表达。《尚书·泰誓》中说：“天视自我民视，天听自我民听。”也就是说，君王、天子，表面上是由天所立，其实是由民所立，他们只是人民的代表者、代理人，人民才是天子和政体的委托人，是天下的真正主权者。弟子万章曾问孟子：“尧把天下传给了舜，是这样吗？”孟子明确反对这一观点。因为天下并不属于天子所有，所以天子不能把本不属于自己的天下给予别人。那么舜的天子之位究竟是怎么获得的呢？孟子说，舜的天子之位是“天与之，人与之”。这就是民本政治文化中倡导的君权民授理论的深刻内涵，其中蕴含着主权在民的现代民主精神。现在的问题是：人民把权力赋予君王，君王在行使政治权力时怎么体现人民意志呢？而且当君王背离人民意志时，人民又该怎么捍卫自己的权利呢？传统民本思想中的权力制约理论对这些问题都有深刻解答。

其二，传统民本思想具有鲜明的权力制约主张。在国君与臣民的关系上，孔子虽然提倡“事君以忠”，但这里的忠，绝不是唯君命是从的愚忠，而是“以道事君”，即引导、约束君王，使其举止符合道义和民心。因此孔子指出，君王有过时人臣要犯颜直谏。但是，如果君有大过、臣下谏而无效、手握执行权的国君仍然一意孤行，身为人臣该怎么做呢？在儒家看来，当君王违背人民意志去压迫人民时，他们就已经失去了继续作为君王的合法性资格。对待这样的昏君、暴君，孟子就对贵戚之卿提出“谏，反覆之而不听，则易位”的要求；或

【名言】

马骇舆，则君子不安舆；庶人骇政，则君子不安位。马骇舆，则莫若静之；庶人骇政，则莫若惠之。选贤良，举笃敬，兴孝弟，收孤寡，补贫穷，如是，则庶人安政矣。庶人安政，然后君子安位。传曰：“君者，舟也；庶人者，水也。水则载舟，水则覆舟。”此之谓也。

——《荀子·王制》

者百姓直接进行汤武革命，把背离民命的君王推翻，重新推举有德的人组建政府。比如，齐宣王曾经问孟子：商汤和周武王本来是夏桀和商纣王的臣子，但商汤流放夏桀，周武王讨伐商纣王，这不是以下犯上吗？孟子是怎么回答的呢？他掷地有声地说："贼仁者谓之贼，贼义者谓之残。残贼之人，谓之一夫。"桀纣这些昏君背弃天命和民心，已经不再具有作为君王的合法性资格，而成了独夫民贼。所以在儒家看来，汤武革命只是替天行道，为民除害。

中华优秀传统文化中的民本思想具有深刻的现代价值。党的十八大以来，习近平总书记围绕中华优秀传统文化中的民本思想，发表了许多意味深长的讲话。比如，2014 年在主持十八届中共中央政治局第十八次集体学习时，习近平总书记指出："我国古代主张民惟邦本、政得其民……这些都能给人们以重要启示。"总书记在这里集中强调的就是传统民本思想的精华内容。中国共产党人主张和践行的"以人民为中心"思想，建立在马克思主义群众史观基础之上，强调人民群众是历史的创造者，是国家和社会的主人，其中也包括对中华民族传统民本思想中积极成分的吸收，对传统民本思想的创造性转化和创新性发展。

3. 守诚信

诚，即真诚；信，即信实。诚信的基本含义，就是真实无妄。中国古人用"诚"来界定和解释天道，同时把"诚"视为道德修养的基本法则。在国家治理领域，古人又把"诚"看作为政者进行政治治理的基本遵循。由此可说，在中华优秀传统文化中，"诚"是一个贯通天地人、贯穿礼乐刑政的极其重要的范畴。

第一，天道至诚。我们前面提到，中国古人把天视为世界的本源，认为世间万物皆由天化育而成。那么天是什么呢？在中国古人看来，天或天道就是自然，是客观而真实的存在。《礼记·中庸》强调："诚者，天之道也。”这句话强调的是天和天道的真实无妄特点。《周易》中有句关于天的描述，是我们大家耳熟能详的，即“天行健，君子以自强不息”。如果要用一个字来概括“天”的这种刚健有为、运行不息的特点，这个字就是“诚”。因为，“诚”不仅具有真实无妄的含义，而且还有“自成”“自为”的含义，这就是《礼记·中庸》强调的“诚者自成”“至诚无息”的深刻含义。

第二，人道唯诚。既然天道至诚，那么人作为天的化生物，也要学习天的这种真诚无妄品格。所以孟子明确说：“诚者，天之道也；思诚者，人之道也。”所谓“思诚”，就是要求人反思、回归自身的质朴本性，做到无欺无妄。中国古人论述修身功夫时经常强调“诚意”。根据《大学》的解释，所谓诚意，就是“毋自欺也”。在儒家看来，“诚”甚至是道德修养的根本路径，是完善我们人格的不二法门。比如，孟子认为，我们在待人接物中遭遇困境时，不应该抱怨外部环境，更不应轻率地指责他人，而是要“反求诸己”，也就是要“反身而诚”。人不仅对自己要真诚，对他人更要真诚，也就是要做到信实无欺。孔子曾以形象的比喻强调信的重要性：“人而无信，不知其可也。大车无輗，小车无軏，其何以行之哉？”古代的车马结构，是车辕连接着车厢，横木控制着牛马；而“輗”和“軏”，就是把大小车辆上的车辕和横木固定在一起的“插销”。没有这种插销，车马就不能有机地融为一体、顺利前行。在孔子看来，“信”就是把人和人紧密团结起来的关键品德，没有起码的信任，社会将走向分裂和解体。

【名言】

古之欲明明德于天下者，先治其国；欲治其国者，先齐其家；欲齐其家者，先修其身；欲修其身者，先正其心；欲正其心者，先诚其意；欲诚其意者，先致其知，致知在格物。物格而后知至，知至而后意诚，意诚而后心正，心正而后身修，身修而后家齐，家齐而后国治，国治而后天下平。

——《礼记·大学》

第三，政道贵诚。人际交往离不开诚信，国家治理更需要诚信。子贡向老师孔子请教怎么治国时，孔子说了三点，即充足的粮食储备、雄厚的武装力量和百姓对为政者的充分信任。子贡接着问，如果这三项不能同时满足，迫不得已要舍去一项，该去掉什么呢？孔子说，舍去武装力量。子贡又问，如果在粮食储备和百姓信任两者中再被迫去掉一项，怎么选？孔子说："去食。自古皆有死，民无信不立。"这里的"信"，指的是百姓对为政者的信任，强调的是为政者在治国理政中要讲求信用，取得百姓的信赖。在孔子看来，离开了为政者的信用和人民的信赖，再充足的粮食和财富储备、再强大的武装力量，也不能保证国家政权的稳固。

值得强调的是，孔子宁愿去兵、去食也要保留民众信赖的言论，并不是儒者不谙事务的迂阔之见，而是包含着深刻的政治智慧。贞观初年，唐太宗君臣在日常对谈中，非常注重对隋亡教训的反思和总结。有一次李世民对大臣王珪说，隋文帝时期国家大修粮仓，囤积了"得供五六十年"才能吃完的巨量储备。可是国家并没有因富足而安定，却在失去百姓信赖的情况下很快败亡。所以唐太宗认为，为政者治理国家时，关键在于取得人民的信赖和支持，而不在于仓储富足。贞观十年，魏徵又围绕"取信于民"的主题上书唐太宗，开篇强调"君之所保，惟在于诚信"（《贞观政要·论诚信》）；贞观十七年，李世民仍然与大臣往复讨论"去食存信""无信不立"的问题和启示。贞观君臣的这些论述，都深刻凸显了政道贵诚的思想。

4. 崇正义

正义，是现代社会生活中的重要价值准则。美国当代政治哲学家罗尔斯在《正义论》一书的第一章开宗明义地指出："正义是社会制度的首要德性。"[①] 中国古人历来崇尚不偏不私之正，追求公平公道之义，甚至在先秦时期，"正义"就已作为一个组合词而出现。如荀子说："正义之臣设，

① 罗尔斯. 正义论. 何怀宏，等译. 北京：中国社会科学出版社，2009：3.

则朝廷不颇。”意思即是说，有正义的官员在位，国家就不易有偏失。中国古人从国家和社会治理的角度如此强调正义的意义和价值，是非常可贵的。那么，中华传统文化中的正义观有哪些内涵呢？

其一，公私分明。中华传统文化中的“公”，本意指社会的公共领域，所谓“私”，原指与“公”相对应的个人正当空间。因此，“私”并非洪水猛兽，中国文化中的“去私”“灭私”“无私”要求，也不是要在根本上取消“私”的存在，而是要求人们在处理公共事务时做到公私分明，不把私人的利益和情感带入公事之中。《礼记》中强调的“公事不私议”，指的就是这个意思。三国时期，魏王曹操派遣儿子曹彰带兵去北方平定叛乱，临行前叮嘱曹彰说：“居家为父子，受事为君臣，动以王法从事，尔其戒之！”（《三国志·魏书·曹彰传》）曹操这里其实是在告诫曹彰：在家庭的私人空间里，他们是父子关系，父子间相处讲究孝慈亲情，有过错可以宽容；可是一旦领受王命担任公职，那么在外执行公务期间，他们就是君臣关系，动静举止，必须遵守公法的约束和规定。这等于是在提醒曹彰，如果他有违王命，就必须以臣子的身份接受公法的处罚，而不可能因其私人的身份侥幸开脱。曹操这段话，其实是对儒家“门内之治恩掩义，门外之治义断恩”的生动阐释，意即家庭的私人空间强调恩情，社会的公共空间强调公义。这就是传统正义观所包含的公私分明的内涵。

其二，义利统一。义利之辨是传统正义观的又一重要内容。义利之辨与公私之辨有关联，比如古人常把义称为公义，把利称为私利，但是两者之间也有区别。公私之辨，强调人们在处理公务时注重区分公与私这两种相对独立的范畴，做到公私分明。义利之辨，则要求人们在追求个人利益时不违背义的要求和原则。事实上，传统文化并不否定个人的正当利益。比如孔子在《论语》中多次指出，经济富足、地位尊崇，是人人都向往的自然欲求。传统文化中的正义观，只是要求人们以正当合理的方法取得财富。比如孔子说："富与贵，是人之所欲也，不以其道得之，不处也。"（《论语·里仁》）我们常说的"君子爱财，取之有道"指的就是这个意思。这种义利观在如今仍有高度的合理性。

其三，民利即公义。对个体而言，追求私利时应符合公义的要求。那么，到底什么是天下公义呢？其实，公义不是抽象、虚幻的概念，它指的是区别于单个人利益的天下之利，也就是万民的公共利益，简称民利。在中国古人看来，义礼规范是服务于人的欲望和利益的，《荀子·礼论》和《史记·礼书》都强调："制礼义以养人之欲，给人之求。"当然，为政者秉公制定的礼义，不是服务于哪一个人或哪一类人的利益，而是服务于天下所有人的共同利益。因此可说，民利即公义。这就是儒家学者一贯追求爱民、利民、惠民、保民的民本政治的理论根源。习近平总书记在亚洲文明对话大会开幕式上讲，"惠民利民、安民富民是中华文明鲜明的价值导向"①，即深刻强调了中华优秀传统文化注重为民谋利的重要理念。

5. 尚和合

中华优秀传统文化还有着鲜明而独特的和谐共生思想。概括而言，中华文明传统中的"崇中尚和"文化包含以下几个层次：和实生物的宇宙生成论、发皆中节的个体修养论、以和为贵的社会交往论、天人合一的生态和谐论。

首先，和实生物的宇宙生成论。在古代文献中，"和"与"禾"关系密切。《说文解字》如此解"禾"："禾，嘉谷也，二月始生，八月而孰，得时之中，故谓之禾。"禾之谓"禾"，内含着谷物在季节的交替中生发丰熟的和谐有序状态。善于思考的中华先民把在农业生产实践中观察到的经验加以抽象和提升，就体悟出了宇宙万物和合生发的规律。古人强调：

---

① 习近平. 深化文明交流互鉴　共建亚洲命运共同体：在亚洲文明对话大会开幕式上的主旨演讲. 人民日报，2019-05-16.

“致中和，天地位焉，万物育焉。”（《礼记·中庸》）这句话意指阴阳和合的中和之境，是天地宇宙自然有序、万事万物生化流行的原因所在。西周思想家史伯提出的“和实生物”概念是中华先民这种宇宙生成论的简洁概括。

其次，发皆中节的个体修养论。中华传统文化在和实生物的宇宙论基础上发展出了“喜怒哀乐……发而皆中节”的个体修养论。儒家在讨论人的性情关系问题时认为，人情是人的自然天性的发用流行（“情生于性”），但“情”的发动可能会有违本性，如果一个人的情感脱离了本性的束缚，就会产生偏执。因此，人在道德修养过程中要注意对情的引导。君子就是能够避免使情感流于偏狭而谨守中道的人（“不偏之谓中”），他们率性而为却不偏离中道。

再次，以和为贵的社会交往论。君子在个体修养中应该谨守中和原则，在与社会打交道时也应该注意不违中和之道，这就是中国传统文化中“以和为贵”的社会交往论。古人在家求家和，出门求人和，于国求国和，达之天下崇尚天下和。所谓家和，就是中国人时常倾慕的“家和万事兴”，《尚书·尧典》中称赞帝尧“克明俊德，以亲九族”亦有这层意思。出门所求的人和，即是“周而不比”“和而不同”的君子之交。所谓国和，指的就是国家治理中政治清明、百姓安居、一派欣欣向荣的和谐发展态势，也就是儒家的“国治”理想。所谓天下和，就是古人常说的“协和万邦”“万国咸宁”这种天下太平、万国承平、世界和平的景象。

最后，天人合一的生态和谐论。在古人看来，人既不是自然的附庸，也不是自然的主宰，人是自然的一部分，人生于自然，与自然和谐相处、有机交融。把这种观念落实在人们的生产生活实践中，就有了古人制定出的众多行为规范。比如，草木萌发的春天不能进山伐木，鱼虾繁衍的夏天不能张网捕鱼。此外，什么时候能够打猎，打猎时使用什么工具，如何处置幼兽和鸟卵等等，都有具体而明确的规定。这生动反映了古人在与自然打交道、从自然那里获取各种生活资料时十分注重遵守自然运行变化的规律、注重维护自然生态本身的和谐秩序的可贵精神。

和合思想在一定意义上代表中国传统文化的最高价值追求。儒家经典《礼记·中庸》开篇把“和”视为天下的“达道”，孔子更是直接感叹说：“中庸之为德也，其至矣乎！”（《论语·雍也》）中华优秀传统文化中的和合思想对我们今天处理好全球文明共同发展及生态和谐等诸多世界性难题具有重要启示意义。

6. 求大同

成书于 2 000 多年前的《礼记·礼运》篇，旨在探讨礼的起源、变化及发展规律。该篇描绘了理想的大同社会形态：“大道之行也，天下为公，选贤与能，讲信修睦。故人不独亲其亲，不独子其子，使老有所终，壮有所用，幼有所长，矜寡孤独废疾者，皆有所养；男有分，女有归；货恶其弃于地也，不必藏于己；力恶其不出于身也，不必为己。是故谋闭而不兴，盗窃乱贼而不作，故户外而不闭，是谓大同。”这段文字，扼要勾画了传统中国人历来憧憬和向往的大同世界的基本形态。这种大同理想包含什么内容呢？

第一，天下为公。传统中国社会是“家天下”的政治形态，君王把天下视为自己的家产，把自己当作万民的家长。但是，儒家知识分子设想的大同社会，不是“天下为家”，而是“天下为公”。也就是说，天下属于天下万民所有，人民是天下的主人。那么，在大同社会有没有管理人员呢？有。《礼记·礼运》篇强调“选贤与能”，也就是说由人民来共同推举品德与能力都出类拔萃的人来参与社会的组织、协调和治理。但是，大同社会里为人民服务的治理者，在根本上不同于阶级社会里谋一己私利的统治者。

第二，人人平等。传统儒家基于古代中国的政治实践制定人伦道德标准时，突出君臣、官民的上下等级秩序。因此，在君臣之间虽然也对君王提出一定的道德要求，但总体而言君臣之间是一种“对等”关系，而不是“平等”关系，臣民服从君王，是一项基本的义务。但在儒家崇尚的大同社会里，父子、夫妇、朋友等人伦关系继续存在，而君臣之分则消失了。人与人之间取消了等级之别与尊卑贵贱之分，代之于彼此间的平等和睦。

第三，国家消亡、社会进步、道德完善。在大同世界，人类社会高度发展，人们的道德素质都有极大提升。在“讲信修睦”的和谐风尚中，作为刚性要素而存在的礼法、纲纪、刑罚都不复存在，以“城郭沟池”为代表的国家，也走向了消亡。在这里，私有制及相应的私有观念也都彻底消失了。用《礼记·礼运》中的话说，就是人们不会浪费和糟蹋财物，也不会私自占有；人们不会好逸恶劳，在辛勤劳作时也不是为着一己之利。在这种财产公有的社会里，没有盗窃，没有纷乱，没有阴谋，每个人的生存和发展都有充分的保障，整个社会呈现一片安乐祥和之况。

大同梦想体现着中华先民对美好社会的向往和追求。这种追求在一定程度上融入我们的文化基因之中，成为中华文化的一个独特标识，深刻影响着中国人的文化品格，影响着中国社会的发展走向。在近代民族危机中，从农民运动领袖洪秀全提出的“有田同耕，有饭同吃”的“太平”梦，到资产阶级改良派康有为撰写的《大同书》，再到资产阶级革命派孙中山倡导的“天下为公”“世界大同”，一批批先进的中国人怀着建立这种理想社会的梦想而前仆后继、抛颅洒血。这种独特的文化传统，为中华民族选择马克思主义、选择社会主义提供了重要的思想条件；而马克思主义和社会主义，也为中华民族这种文化理想的实现开辟了道路。

中华优秀传统文化历史悠久，体系博大，内容丰富，思想精深。讲仁爱、重民本、守诚信、崇正义、尚和合、求大同，是我们对中华优秀传统文化思想精华的一种概括。除此之外，我们还可以从其他方面和角度理解、审视中华优秀传统文化的丰富内涵。习近平总书记在纪念孔子诞辰 2565 周年国际学术研讨会上对中华优秀传统文化包含的具有深刻时代价值的思想精华进行了更为细致的梳理，这就是“关于道法自然、天人合一的思想，关于天下为公、大同世界的思想，关于自强不息、厚德载物的思想，关于以民为本、安民富民乐民的思想，关于为政以德、政者正也的思想，关于苟日新日日新又日新、革故鼎新、与时俱进的思想，关于脚踏实地、实事求是的思想，关于经世致用、知行合一、躬行实践的思想，关于集思广益、博施众利、群策群力的思想，关于仁者爱人、以德立人的思想，关于以诚待人、讲信修睦的思想，关于清廉从政、勤勉奉公的思想，关于俭约自守、力戒奢华的思想，关于中和、泰和、求同存异、和而不同、和谐相处的思想，关于安不忘危、存不忘亡、治不忘乱、居安思危的思想，等等”[①]。这些都是富有永恒魅力、具有当代价值的思想精华，是我们感知和领会中华优秀传统文化的重要切入点。

三、“创造性转化”与“创新性发展”

前文曾述，文化发展是一个传承与创新相统一的过程。没有传承，就没有创新的根基；离开与时偕行的创新，传承和延续也难以为继。习近平总书记在亚洲文明对话大会开幕式上深刻指出：“文明永续发展，既需要薪火相传、代代守护，更需要顺时应势、推陈出新。”[②] 当前，弘扬中华优秀传统文化，重点是要做好创新工作，即努力推动优秀传统文化的创造性转化与创新性发展。

① 习近平. 在纪念孔子诞辰 2565 周年国际学术研讨会暨国际儒学联合会第五届会员大会开幕会上的讲话. 人民日报，2014-09-25.

② 习近平. 深化文明交流互鉴　共建亚洲命运共同体：在亚洲文明对话大会开幕式上的主旨演讲. 人民日报，2019-05-16.

第一，坚持科学的立场观点方法。博大精深的中华优秀传统文化虽然不乏朴素的唯物思想和辩证观点，但总体上是一种唯心主义的文化形态。因此，以马克思主义立场、观点、方法改造中华优秀传统文化十分必要。以中国传统文化的主流——儒家文化为例：一方面，其所倡导的仁爱道德思想、民本政治理念、大同社会理想等，都是中华优秀传统文化中的精华内容，具有跨越时空的永恒魅力和当代价值，值得我们今天积极传承、大力弘扬；但另一方面，儒家的这种道德和政治文化，建立在抽象的“天命说”和“性善论”基础上，带有浓厚的形而上学色彩和唯心主义特征。因此，我们在今天面对以儒家文化为代表的传统文化时，必须学会以科学的世界观和方法论对待之，既不盲目自大、守旧复古，亦戒妄自菲薄、崇洋媚外，而是努力做到去粗取精、去伪存真、古为今用、推陈出新。

第二，立足当下。每一个时代都有每一个时代的价值追求，每一个时代都有每一个时代的文化精神。我们在今天弘扬优秀传统文化，根本目的是要以优秀传统文化为滋养建设当代中国文化、塑造当代中国精神。因此，我们所阐发和弘扬的优秀传统文化，必须契合当今时代的文化精神。放眼中西方的文化发展历史，过去的文化传统能否被今人传承和延续，在根本上取决于这一文化传统是否具有时代价值，取决于其是否有助于时代精神的塑造。优秀传统文化要想在今天焕发勃勃生机，必须扎根现实土壤，符合现实需要，适应时代精神，展现时代风貌。因此，以时代精神诠释、转化优秀传统文化，是我们立足现实传承、弘扬优秀传统文化的应为之举。

2020 年初暴发的新冠肺炎疫情，是新中国成立以来我国遭遇的传播速度最快、感染范围最广、防控难度最大的重大突发公共卫生事件。在同疫情的殊死较量中，中国人民和中华民族在习近平总书记和党中央的集中统一领导下，以敢于斗争、敢于胜利的大无畏气概，铸就了“生命至上、举国同心、舍生忘死、尊重科学、命运与共”的伟大抗疫精神。伟大抗疫精神是中华优秀传统文化和中华民族精神在当前中国的新发扬，是中国人民和中华民族立足当下推动优秀传统文化实现创造性转化与创新性发展的生动体现。以伟大抗疫精神中的“生命至上”为例，天道好生，仁者爱人，中华优秀传统文化历来具有尊重生命、敬畏生命的人文主义精神传统，历来崇尚“天地之性人为贵”的仁爱、厚生理念。同时，从革命战争年代“全心全意为人民服务”的宗旨，到新时代习近平总书记提出的“以人民为中心”的发展思想，为人民谋幸福始终是中国共产党人的不变初心。在此次抗疫斗争中，习近平总书记和党中央反复强调“把人民群众生命安全和身体健康放在第一位”，团结带领全党和全国各族人民投入波澜壮阔的生命救援战争中。恰如习近平总书记深刻指出的，“生命至上，集中体现了中国人民深厚的仁爱传统和中国共产党人以人民为中心的价值追求”；生命至上，“是中国共产党执政为民理念的最好诠释”，“是中华文明人命关天的道德观念的最好体现”。

图为 2020 年 9 月 8 日，全国抗击新冠肺炎疫情表彰大会在北京人民大会堂隆重举行的现场情景。

立足当下转化优秀传统文化，在一定意义上就是用当下的语言、范畴、思想重新诠释优秀传统文化。诠释不是简单的字面解释或翻译，诠释往往意味着一种重构和再造。考察中国文化史上悠久的经典注解传统就可发现，“我注六经”和“六经注我”始终是辩证统一的。“我”以时代的语言注解“六经”的过程，同时也是“我”对“六经”进行重构和再造的过程，因此也是用“六经”来表达“我”所生活的时代的思想过程。成书于数千年前的文化经典如《论语》《庄子》等，其思想之所以经久不衰，就是因为不同时代的人们不断运用新的概念、范畴对其进行诠释和注解，从而不断赋予其生命。可以说，只有用当代中国的语言、范畴、思想诠释、改造优秀传统文化，才能使其走出历史的尘封，跃动于今天人们的日常语言与生活习俗中，并在潜移默化中彰显时代价值。

第三，面向未来。文化犹如一条奔腾不息的长河，连贯着历史、现在和未来。真正的文化自信，体现在我们对优秀传统文化的礼敬自豪之上，体现在我们对优秀传统文化的现实改造和转化之上，体现在我们以高度的使命意识和担当精神努力推动优秀传统文化的未来发展之上。当今时代，实现中华民族伟大复兴，是全体中国人民共同的梦想。而民族复兴的重要内容，就是中华文化和中华文明的复兴。文化复兴不是简单地回到过去，而是在过去的基础上推动优秀传统文化的新发展和新兴盛。党的十九大报告号召全党和全国人民“坚守中华文化立场，立足当代中国现实，结合当今时代条件，发展面向现代化、面向世界、面向未来的，民族的科学的大众的社会主义文化……不断铸就中华文化新辉煌”。在这里，“坚守中华文化立场”的重要内涵，就是坚守中华优秀传统文化立场，而“面向未来”和“不断铸就中华文化新辉煌”的要求，就凸显着当今国人应当具有的使命意识和担当精神。只有在历史的接续奋斗中不断开辟中华文化发展的新境界，我们才能真正充满自信地宣布：中华民族在五千多年的历史长河中创造的优秀传统文化，能够对中华文明乃至整个人类文明的未来发展做出卓越的贡献，也做出了卓越的贡献。

四、积极传承红色基因

革命文化诞生于中国共产党领导中国人民开展的中国革命、建设、改革实践。它是确保党领导人民取得革命、建设、改革胜利的重要精神动力，是中国文化现代转型过程中的重要成果和宝贵财富，是社会主义先进文化的直接来源。革命战争年代淬炼形成的红船精神、井冈山精神、苏区精神、长征精神、延安精神、抗战精神、西柏坡精神，新中国成立后铸就的红旗渠精神、大庆精神、雷锋精神、焦裕禄精神、“两弹一星”精神、载人航天精神、伟大抗疫精神等，就是革命文化的集中体现。细审这些宝贵精神成果，可以发现，高远的革命理想、顽强的奋斗精神、忘我的革命道德、昂扬的革命情操，构成了革命文化的基本内涵。现在我们讲“传统”，既要关注到古代的优秀文化传统，也要同时关注我们党带领人民所创造的革命文化传统。

1. 高远的革命理想

“革命”一词在中国文化史上由来已久，《周易》中即有“汤武革命，顺乎天而应乎人”的表述。清末之际，在民族存亡的关键时刻，“革命”一词伴随着孙中山等“革命者”的活动被赋予现代意义。随着十月革命一声炮响，马克思主义传入中国，“革命”一词便在镰刀斧头的撞击下放出耀眼的红色光芒。中国共产党人在“革命理想高于天”的豪情激励下，胸怀为中国人民谋幸福、为中华民族谋复兴的高远目标，拉开了近代中国新民主主义革命的大幕。

1921 年夏，中国共产党第一次全国代表大会在上海法租界开幕，并于浙江嘉兴南湖胜利闭幕。这次大会宣告了中国共产党的诞生。红船精神搭载着共产党人高远的革命理想，映照着共产党人的初心和使命，引导着中国共产党和中国人民在革命的浪潮中劈波斩浪，使中国革命的面貌焕然一新。习近平总书记将红船精神鲜明地概括为“开天辟地、敢为人先的首创精神，坚定理想、百折不挠的奋斗精神，立党为公、忠诚为民的奉献精神”[①]。自成立以来，中国共产党站在时代的风口浪尖，提出反帝反封建的新民主主义革命任务，为中国革命树立了具体的目标。这其中，尽管经历了大革命失败、反“围剿”失败等挫折，但共产党人从未气馁，长征途中血染湘江、飞夺泸定桥，无数共产党人用鲜血捍卫着这一份初心和使命。历史告诉我们，革命理想高于天，人民军队之所以能够攻坚克难、战无不胜、发展壮大，关键是人民军队有马克思主义理论武装，有崇高理想信念，有为理想信念而英勇献身的崇高追求。崇高理想信念是人民军队勇往直前的精神力量，是全军将士心中熊熊燃烧的火炬。习近平总书记在纪念红军长征胜利80周年大会上深刻指出：“长征是一次理想信念的伟大远征。崇高的理想，坚定的信念，永远是中国共产党人的政治灵魂。”习近平总书记强调：“长征的胜利，是中国共产党人理想的胜利，是中国共产党人

2005年6月21日，时任浙江省委书记的习近平同志在《光明日报》发表文章《弘扬“红船精神” 走在时代前列》，首次提出并阐释了“红船精神”，认为其为党的先进性之源，“红船所代表和昭示的是时代高度，是发展方向，是奋进明灯，是铸就在中华儿女心中的永不褪色的精神丰碑”。2017年10月31日，习近平总书记带领十九届中共中央政治局常委又一次瞻仰了上海中共一大会址和浙江嘉兴南湖红船。图为浙江嘉兴南湖红船。

① 习近平. 弘扬“红船精神” 走在时代前列. 光明日报，2017-12-01.

信念的胜利。‘风雨浸衣骨更硬，野菜充饥志越坚；官兵一致同甘苦，革命理想高于天。’在风雨如磐的长征路上，崇高的理想，坚定的信念，激励和指引着红军一路向前。”[①] 在革命的征程中，党始终保持与人民群众的血肉联系，坚持为国家的解放、民族的复兴而不懈奋斗。红船破浪前行，直至今日仍是我们保持初心、保证党的先进性的精神动力之源。

革命文化以马克思主义为理论基础，从形成伊始就打上了无产阶级的烙印。从《共产党宣言》宣告资产阶级必然灭亡和无产阶级必然胜利那一刻起，埋葬旧制度、谋求人的解放、实现共产主义就被写在了无产阶级的战斗旗帜上。当中国人举起这一旗帜时，共产主义自然而然也就成为无数中国共产党人奋斗的最高理想。浩然正气垂青史的方志敏烈士，无疑是其中的杰出代表。当不幸被捕身陷囹圄时，面对蒋介石的诱降和反动派屠刀的威逼，方志敏坚守自己的信仰，慷慨就义。在狱中，方志敏以笔为枪，写下了 16 篇约 14 万字的文稿，字字句句都彰显着他对共产主义的坚定信仰。他在《我们临死以前的话》中挥毫写道，“我们是共产党员，为革命而死，毫无所怨，更无所惧”；“我们与你们反革命国民党是势不两立的，你法西斯匪徒们只能砍下我们的头颅，决不能丝毫动摇我们的信仰！我们的信仰是铁一般的坚硬的”[②]。高远的革命理想是支撑中国革命取得胜利的重要精神保证。邓小平在改革开放初期回顾中国革命所以能够取得最后胜利的原因时深

方志敏（1899—1935），无产阶级革命家、政治家、军事家，杰出的农民运动领袖，1935 年被捕牺牲。2009 年被评为“100 位为新中国成立做出突出贡献的英雄模范人物”。

① 习近平. 在纪念红军长征胜利 80 周年大会上的讲话. 人民日报，2016-10-22.
② 方志敏. 方志敏文集. 南昌：江西人民出版社，1999：99-101.

刻指出：“为什么我们过去能在非常困难的情况下奋斗出来，战胜千难万险使革命胜利呢？就是因为我们有理想，有马克思主义信念，有共产主义信念。”① 时至今日，共产主义仍然是每一位共产党人都应当牢固树立的远大理想，是我们走好新时代长征路的精神指引。

2. 顽强的奋斗精神

2018 年 3 月 20 日，在第十三届全国人民代表大会第一次会议上，习近平总书记将中华民族精神概括为伟大创造精神、伟大奋斗精神、伟大团结精神和伟大梦想精神。回顾历史，自强不息的奋斗精神不仅是中华民族的传统美德，也在战火纷飞的革命年代激励着全党全国各族人民共同为社会主义新中国而不懈奋斗。由此而形成的顽强奋斗精神，构成了革命文化的重要内涵。

毛泽东同志曾借愚公移山的故事，对这一伟大奋斗精神进行过生动的阐释。“愚公移山”原本是我国古代的一则寓言，讲述年近九十的愚公决计以永不停息的奋斗精神率领子子孙孙挖掉两座拦路大山的故事。毛泽东在抗日战争即将取得全面胜利时，向全党讲述了这一故事，并结合中国革命的实际对这一寓言进行了创造性的解释和转化。他将新民主主义革命的主要对象——帝国主义和封建主义比作压在中国人民头上的大山，将全中国的人民大众喻为“上帝”。毛泽东深刻指出，只要全党上下锲而不舍地坚持奋斗下去，就一定能够感动全国的人民大众。“全国人民大众一齐起来和我们一道挖这两座山，有什么挖不平呢？”② 中国共产党的革命史，就是一部荡气回肠的奋斗史。习近平总书记在“不忘初心、牢记使命”主题教育总结大会上指出：“我们党诞生于国家内忧外患、民族危难之时，一出生就铭刻着斗争的烙印，一路走来就是在斗争中求得生存、获得发展、

① 邓小平. 邓小平文选：第 3 卷. 北京：人民出版社，1993：110.

② 毛泽东. 毛泽东选集：第 3 卷. 2 版. 北京：人民出版社，1991：1102.

赢得胜利。”① 一代又一代的共产党人，秉持愚公移山的精神，不怕困难，一往无前，最终完成了反帝反封建的革命任务，取得了中国革命的完全胜利。

顽强的奋斗精神不只是一个口号，还是在艰难困苦中磨炼而成的冲天豪情。抗日民族英雄杨靖宇，于“九一八”事变之后，克服种种困难，在东北组建抗日武装。由于物质条件极端恶劣，抗联的将士们常常以雪水解渴、以草根充饥，空腹与敌搏斗。但艰苦恶劣的斗争环境并不能打击他们的意志。杨靖宇从组建抗日游击队，到成立抗日联军第一路军，再到 1940 年壮烈牺牲，与其相伴的只有林海雪原的酷寒、日伪军的疯狂围剿和截杀。1949 年 3 月，在历经 28 年的艰苦奋斗之后即将离开西柏坡进京“赶考”之时，毛泽东告诫全党上下“务必使同志们继续地保持谦虚、谨慎、不骄、不躁的作风，务必使同志们继续地保持艰苦奋斗的作风”②。“两个务必”的创业精神与敢于斗争、敢于胜利的开拓进取精神及坚持依靠群众、坚持团结统一的民主精神等一同构成的西柏坡精神，至今仍激励着我们奋勇前行。

3. 忘我的革命道德

1934 年，面对已经占领中国东北且不断向华北地区蚕食的日本侵略者，不少人开始在国内宣扬抗日悲观论调。鲁迅先生针对这种现象写道：“我们自古以来，就有埋头苦干的人，有拼命硬干的人，有为民请命的人，有舍身求法的人……这就是中国的脊梁。”③ 毫无疑问，在那个国运飘摇的年代，中国共产党人领导中国人民开展土地革命、抗日战争、解放战争等伟大斗争，他们“为民请命”“舍身求法”，充分彰显了忘我的革命道德。简而言之，中国共产党人这种忘我的革命道德主要体现在其毫不利己、专

---

① 习近平. 在“不忘初心、牢记使命”主题教育总结大会上的讲话. 人民日报，2020-01-09.

② 毛泽东. 毛泽东选集：第 4 卷. 2 版. 北京：人民出版社，1991：1438-1439.

③ 鲁迅. 且介亭杂文. 北京：人民文学出版社，1973：93.

门利人的精神里，体现在全心全意为人民服务的无私立场上，体现在为国家前途和集体利益敢于舍弃一切的伟大奉献精神中。

正如《共产党宣言》所宣示的那样：“过去的一切运动都是少数人的，或者为少数人谋利益的运动。无产阶级的运动是绝大多数人的，为绝大多数人谋利益的独立的运动。”[①] 中国共产党一经成立便以全心全意为人民服务为宗旨，无数共产党人抛家舍业，不求个人显达，只为谋求中国最广大人民群众的解放和发展。在《为人民服务》一文中，毛泽东将这种精神表述为“完全是为着解放人民的，是彻底地为人民的利益工作的”[②]。《为人民服务》是毛泽东参加张思德追悼会时的演讲稿。张思德在延安开展生产运动时因炭窑崩塌而牺牲。毛泽东认为，他虽然没有像当时的大多数革命先烈那样倒在前线的枪林弹雨中，但他是为了人民的利益而死，所以他的牺牲重于泰山。毛泽东以张思德为榜样，号召来自五湖四海的同胞，为人民的利益而奋斗，争取全民族的解放。全心全意为人民服务的中国共产党，其所领导开展的革命伟业，得到了亿万民众的踊跃支持。1949 年春，在人民群众的大力支援下，英勇的人民解放军发起渡江战役。百万雄师横渡长江天险，以摧枯拉朽之势，横扫国民党势力，大大加速着中国人民的解放大业。2020 年 8 月，习近平总书记参观坐落于安徽巢湖之滨的渡江战役纪念馆。在这里，习近平总书记抚今追昔，揭示了中国共产党始终坚持以人民为中心的初心和使命。他说：“淮海战役的胜利是靠老百姓用小车推出来的，渡江战役的胜利是靠老百姓用小船划出来的。任何时候我们都要不忘初心、牢记使命，都不能忘了人民这个根，永远做忠诚的人民服务员。”[③]“忠诚的人民服务员”，凸显了中国共产党人大公无私、忠诚为民

① 马克思，恩格斯. 马克思恩格斯选集：第 1 卷. 3 版. 北京：人民出版社，2012：411.

② 毛泽东. 毛泽东选集：第 3 卷. 2 版. 北京：人民出版社，1991：1004.

③ 习近平在安徽考察时强调　坚持改革开放坚持高质量发展　在加快建设美好安徽上取得新的更大进展. 人民日报，2020-08-22.

2016年10月21日，在纪念红军长征胜利80周年大会上，习近平总书记将长征精神概括为“把全国人民和中华民族的根本利益看得高于一切，坚定革命的理想和信念，坚信正义事业必然胜利的精神；就是为了救国救民，不怕任何艰难险阻，不惜付出一切牺牲的精神；就是坚持独立自主、实事求是，一切从实际出发的精神；就是顾全大局、严守纪律、紧密团结的精神；就是紧紧依靠人民群众，同人民群众生死相依、患难与共、艰苦奋斗的精神”。

的崇高风尚。

公而忘私、牺牲自我的忘我品格，一直以来都是中国共产党人奉行的革命道德。早在红军时期，中国共产党人便将“牺牲个人”写进了入党誓词；抗日战争时期，这一内容则变成了“不怕牺牲”。解放战争时期，入党誓词中没有明显的“牺牲”字眼，但也明确提及“党的利益高于一切”，要求个人服从集体。在中华人民共和国成立初期，这一说法具体表现为“随时准备牺牲个人一切”。党的十二大以后，这一精神被表述为“随时准备为党和人民牺牲一切”①。物随时变，不同的历史阶段，党的中心任务有所不同，但入党誓词中总会有牺牲自我、服从集体利益的相关表达。这样的精神贯穿中国共产党的历史，引导着一代又一代党员和中国人民为民族之“大我”而牺牲个人之“小我”。“人生自古谁无死，留取丹心照汗青。”在艰苦卓绝的长征过程中，数万名红军将士为了救国救民，不怕任何艰难险阻，不惜付出一切代价，用自己的鲜血沸腾了大渡河，染红了六盘山，最终换回了中国革命的燎原之势。在新时代的长征路上，这种敢于牺牲一切的忘我精神，仍旧激励着中国共产党人和全国各族人民奋勇前进，为着“两个一百年”奋斗目标而不懈努力。

4. 昂扬的革命情操

熟悉辩证法的人都清楚，事物的发展不是一蹴而就的，而是有着一个

① 珠珍. 我党五个历史时期的入党誓词. 福建党史月刊，1991（2）.

循序渐进过程的。毛泽东常说：“前途是光明的，道路是曲折的。”[①] 中国革命的进程亦是如此。我们经历过胜利的喜悦，也饱尝过失败的苦楚。而无论何时何地，无论顺境逆境，中国共产党人始终保持着昂扬的革命情操。这种革命情操具体表现为面对困难苦中作乐、以苦为乐的革命乐观主义精神，和情绪热烈、朝气蓬勃的革命浪漫主义情怀。正是这种昂扬的革命情操，在一次次的失败之中抚慰着革命者的伤口，在一场场的胜利中坚定着斗士们的理想信念，最终引导中国革命走向胜利。

革命乐观主义者究竟有什么样的具体表现呢？青年毛泽东就曾在日记本上写道：“与天奋斗，其乐无穷！与地奋斗，其乐无穷！与人奋斗，其乐无穷！”[②] 这种乐观向上、以苦为乐的精神一直支撑着他走过漫漫斗争岁月。1935 年 10 月，毛泽东带领中央红军越过岷山即将结束数万里长征之际，挥毫写下了《长征》这首令人荡气回肠的七律诗篇。这是我们耳熟能详的一首诗，毛泽东在诗中用“只等闲”“腾细浪”“走泥丸”等字眼，将长征路途之艰难进行了乐观主义的描画。全诗最后以“三军过后尽开颜”收尾，更是直接点明了广大红军将士的乐观之态和欣喜之貌。此外，毛泽东的革命乐观主义精神还反映在他“一切反动派都是纸老虎”的经典论断中。面对国民党、日本帝国主义、美帝国主义等强敌，毛泽东始终号召全党全国保持积极乐观的心态，在战略上藐视敌人，这为中国革命的胜利凝聚了充足的精神力量。值得强调的是，共产党人的革命乐观主义并不是盲目的乐观自信，而是立足于科学的理论分析之上的，符合辩证法的基本原则。在 1958 年中共八届六中全会期间，毛泽东就“一切反动派都是纸老虎”这一经典论述进行了具体的分析。他认为，一切反动的“老虎”都存在“一个由真变纸的过程的问题”。他们在取得统治权力之前和刚取得权

① 毛泽东. 毛泽东选集：第 4 卷. 2 版. 北京：人民出版社，1991：1163.

② 中共中央文献研究室. 毛泽东年谱：上卷. 北京：中央文献出版社，1993：24.

力的一段时间内，是生气勃勃的真老虎，其后就逐渐走向其反面，变为反动落后的纸老虎。在与人民的斗争之中，反动派一面会吃人，是真老虎，一面终究转化成纸老虎。从这个角度看，革命的乐观主义就是在自觉把握事物发展规律的基础上，努力促进事物转化，最终收获光明前途的一种积极心态。物质变精神，精神变物质，同样体现辩证法的基本观点。淮海战役是中国人民解放战争中具有决定意义的重大战役，为解放全中国发挥了重要作用。2017 年 12 月，习近平总书记来到江苏徐州的凤凰山麓，瞻仰淮海战役烈士纪念塔，参观淮海战役纪念馆。习近平总书记深情指出："淮海战役深刻启示我们，决定战争胜负的未必一定是武器和兵力，军队的战略战术运用、将士们的信心和勇气、人民的支持和帮助，往往是更为重要的因素。""我们要传承好人民军队的红色基因，努力培养有灵魂、有本事、有血性、有品德的新时代革命军人，永葆人民军队性质、宗旨、本色。"习近平总书记这里强调的"信心和勇气""血性""本色"等，都体现着艰苦岁月里中国共产党和人民军队的革命乐观主义情操及其对革命胜利所具有的宝贵支撑作用。

除了这种基于理性分析的乐观主义之外，革命者昂扬的情操还会随着其自身革命热情的迸发而表现出强烈的革命浪漫主义情怀。这样一种情怀可以看作革命的乐观主义在一定条件下的自我升华，是革命乐观主义的形象化表达。1936 年 2 月，红一方面军准备东渡黄河之时，毛泽东目睹了陕北大地的雪景，写下了我们所熟知的《沁园春·雪》。整首词洋洋洒洒百余字，以雪景而起兴，历陈中国古代数位雄才大略的君王，最后基于唯物主义的历史观，直抒其胸臆，赞扬今天正在创造历史的人民群众才是真正的风流人物。全篇情景交融，气势磅礴，体现着革命的浪漫主义情怀。同在这一时期，并未跟随大部队参加长征的陈毅将军，在赣粤边区的山地中继续进行游击战争。1936 年冬，陈毅与少数游击队员被围困在梅山达 20 余天，抱着必死之心的他写下了《梅岭三章》，藏于衣底。其中写道：“此去泉台招旧部，旌旗十万斩阎罗”“取义成仁今日事，人间遍种自由花。”身逢绝境，尤能苦中作乐，想象着自己死后化为“鬼雄”，率领十万勇士在地下继续抗争，并期待自己舍生取义之后，人间大地处处盛开自由、芬芳的花朵。这种浪漫奇异的想象令人拍案叫绝，有力烘托着革命者视死如归的浩然正气。总的说来，以中国共产党人为代表的中国革命者的昂扬革命情操，是点缀贫乏现实的绚烂色彩，是穿透黑暗岁月的金色光芒，激励着无数革命先烈永葆斗争的激情。

革命文化是对中华优秀传统文化的传承和发扬。中国共产党百年来团结带领中国人民和中华民族在革命、建设、改革实践中锤炼升华而成的革命精神谱系，是中华民族伟大民族精神的赓续和发展。“雄关漫道真如铁，而今迈步从头越。”新时代推动中华文化的繁荣兴盛，实现中华民族的伟大复兴，需要我们大力发扬红色传统，积极传承红色基因，以革命者的大无畏奋斗精神，昂首开启新的伟大征程。

05

第五章　如何“吸收外来”，采鉴超越？

2019 年 3 月，出访欧洲的国家主席习近平在法国尼斯会见法国总统马克龙，马克龙赠送给习主席一份非常珍贵的礼物——一部出版于 1688 年的首部法文版《论语导读》。马克龙说：“孔子的思想深刻影响了伏尔泰等人，为法国的启蒙运动提供了宝贵的思想启迪。”马克龙提到的伏尔泰，是近代欧洲思想启蒙运动的领袖人物。伏尔泰深受这部《论语导读》的影响，中国的儒家学说成为他反抗欧洲传统宗教文化的思想利器。可以说，一部《论语导读》，见证了中西文化在交流互鉴中发展进步的历史，也为当今世界不同文化和文明如何相处带来了深刻启示。在以高度的文化自信坚守中华文化立场的同时，开放包容，“吸收外来”，有助于为当代中国文化发展提供有益滋养。

法国巴黎凤凰书店内陈列的儒家思想书籍

一、文明的开放性与包容性

中国古人倡导“万物并育而不相害，道并行而不相悖”，认为彼此不

2017 年 1 月 18 日，国家主席习近平在联合国日内瓦总部发表演讲，强调要坚持交流互鉴，建设一个开放包容的世界。他说："'和羹之美，在于合异。'人类文明多样性是世界的基本特征，也是人类进步的源泉。世界上有 200 多个国家和地区、2 500 多个民族、多种宗教。不同历史和国情，不同民族和习俗，孕育了不同文明，使世界更加丰富多彩。文明没有高下、优劣之分，只有特色、地域之别。文明差异不应该成为世界冲突的根源，而应该成为人类文明进步的动力。"

同的文化、相互差异的个体和事物，完全可以在互相尊重对方、平等相待、互不侵犯的基础上共存共生、共同发展。这种"和而不同"的理念，体现的就是文明的开放与包容精神。

开放互鉴是人类文明沟通交流的主旋律。在古代，不论是亚历山大的士兵还是罗马帝国的军队，面对延绵万里的大漠和茫茫无际的戈壁，都不得不停下军事征伐的脚步。但在武力征伐所停止的地方，文明的交流却络绎不绝、欣欣向荣。古代文明间的这种开放交流活动，就体现在草原丝绸之路上穿透漫天黄沙的阵阵驼铃声中，体现在海上丝绸之路中对抗滔天海浪的片片帆影之上。阿拉伯帝国历史上阿拔斯王朝的第二任哈里发、阿拔斯王朝的真正奠基人曼苏尔，因营建巴格达这座名城作为王朝首都而闻名于世。据历史记载，曼苏尔向人们解释为什么要在巴格达建立国家的新都时说道："这里有底格里斯河，可以把我们和遥远的中国联系起来。"[①] 曼苏尔的这一观念，深刻体现了公元 8 世纪时处在东西方丝绸之路中段的阿拉伯人的开放精神。在曼苏尔时代，奔走于陆上的商队相属于道，行驶于海上的商船络绎不绝。其中，遨游于风高浪急的波斯湾上的商船，多为体积庞大、技术先进的中国海船。据当时的阿拉伯航海家苏莱曼记载，中国商

① 胡锦山. 非洲的中国形象. 北京：人民出版社，2010：11.

走进坐落于西安的大唐西市博物馆，人们可以透过玻璃地板看到昔日的车辙遗迹、砖砌水渠，这是隋唐时期的集市遗址。距今1 300多年的印记仿佛再现了古丝绸之路车水马龙、来往经营的繁荣景象，是东西方商业、文化交流的见证。图为大唐西市博物馆。

船的装载量，往往是其他国家船只的几倍甚至几十倍。阿拉伯商人经常借用中国海船运载货物，随船前往印度、中国进行贸易和交流考察。这就是曼苏尔说新都巴格达附近的底格里斯河可以把阿拉伯“和遥远的中国联系起来”的话语背景。

事实上，早在2 000年前的汉代，包括欧洲的罗马帝国、非洲的兜勒（今属厄立特里亚）等在内的远西国家就通过海上丝绸之路与中国取得了直接的联系。唐朝时期，超过300个国家和地区，与当时的中国建立了往来关系。生活在唐代都城长安的外国侨民和外籍居民，多达数万之众，他们是来自东北亚、东亚、东南亚、南亚、中亚、西亚、北非、欧洲的官方使团、民间商贾、贵族、学者、传道士、旅行家等。当时的长安作为丝绸之路的东段起点，堪称世界的文化中心，集中体现着人类文明的开放包容精神。

古往今来，人类文明间的互学互鉴规模是非常大的。两汉时期，最能代表当时生产力发展水平的冶铁技术从中国沿丝绸之路传入中亚和西方。在其后的历史交往中，造纸术、印刷术、指南针、火药等影响人类文明发展进程的四大发明，也沿着陆海丝绸之路相继传入西方。著名的“唐三彩”进入远西地区后，波斯人在学习、模仿的基础上，甚至形成了具有自身特色的“波斯三彩”。伊斯兰教创始人穆罕默德曾经说过：“学问虽远在中国，亦当求之。”中国唐代的玄奘法师西去印度求取佛法时，发现印度地区不少国家都在积极学习中国文化，他们演奏唐代官方的《秦王破阵乐》来欢迎玄奘的到访。隋唐之际有位印度僧人沿丝绸之路跋涉万里来中国“学法”，即将返回之际千般不舍、万般留恋，写下“将身岂惮千山路，学法宁辞度百秋；何期此地却回还，泪下沾衣不觉斑；愿身长在中华国，生生得见五台山”的偈语，洒泪离去。这些例子，无不体现着东西方人们积极自觉地学习中国文化的热情。

当然，文化的交流学习是相互的。中华民族在这种文化交流中学习他国他族文化的热情亦十分高涨。秦汉以降，中国人民不仅大规模吸收、引进西域各国的物质文化，如葡萄、胡豆、胡麻、胡桃及良马、织物、玻璃等，而且积极学习西域各国的音乐、舞蹈、绘画、雕刻等艺术文化，学习天文学、几何学、医学等技术文化及包括佛教、景教、祆教、摩尼教、伊斯兰教等在内的思想文化。其中，对古代中国文化影响最大的，是印度的佛教文化。丝绸之路在两汉时期开通不久，中国人就开启了学习佛教文化的进程。东汉明帝曾亲自派遣郎中蔡愔和博士弟子秦景一行前往印度求取佛教典籍。取经队伍在中亚地区恰好遇到印度僧人摄摩腾和竺法兰带着佛教经典沿丝绸之路向中国跋涉。于是蔡愔等人陪同两位高僧以白马驮佛经、佛像，一起抵达洛阳。汉明帝对来华的印度高僧非常尊敬，给予极高礼遇，并下令修建白马寺，延请摄摩腾、竺法兰在寺中译经讲经、传播佛教思想。

两汉以后，不断有中国僧人前往印度求学取经。其中较为著名的有东晋时期的法显，唐代的玄奘、义净等高僧。隋唐之际，中国人学习佛教的热情达到了空前程度，以至于李唐王朝的统治者虽然将李耳奉为先祖、将道教奉为国教，但仍然对佛教表现出极高的尊崇。雄才大略的唐太宗不仅自称“皇帝菩萨戒弟子”，而且自述其“自有国以来，未尝创立道观。凡有功德，并归僧舍。虽往日操戈临阵，亦未始纵威滥杀。今所在战场皆立佛寺。至于太原旧第亦以奉佛”（《佛祖历代通载·第十一卷》）。总的说来，丝绸之路沿线国家与人民之间在文化上的互学互鉴精神，是开放包容精神的自然延伸，凸显了人类文明开放互鉴的主旋律。

开放互鉴有力推动了东西方文明的发展与进步。经由丝绸之路开展的文化交流互鉴活动的影响是重大且深远的。火药、指南针、印刷术，在宋代沿丝绸之路传入西方以后，对西方乃至整个世界的文明进程都产生了不可估量的影响。马克思曾经指出：“**火药、指南针、印刷术**——这是预告资产阶级社会到来的三大发明。火药把骑士阶层炸得粉碎，指南针打开了世界市场并建立了殖民地，而印刷术则变成新教的工具，总的来说变成科学复兴的手段，变成对精神发展创造必要前提的最强大的杠杆。”[①] 如果说近代西方资产阶级改变了世界的话，那么三大发明的西传则促进了资产阶级的发展和壮大。其实，改变西方文明发展进程的不仅包括上述三大技术发明，而且包括中国思想和中国学术。

二战时期，美国总统罗斯福的得力助手是副总统亨利·华莱士。作为一位学者和政治家，华莱士对中国和西方传统政治文化的源流关系有着独

① 马克思，恩格斯. 马克思恩格斯全集：第 47 卷. 北京：人民出版社，1979：427.

到的见解。他说："中国哲学和国民心习之趋向民治，对于西洋政治哲学有重大的影响。美国建国时期，贤哲之士，倡导革命，奠定宪政，其信仰与作风，虽云直接得之于欧洲，实为间接取之于中国。"[①] 华莱士的这一判断，对我们深刻理解中国传统民本思想与西方现代民主理念的延承关系，有着非常深刻的启示。可以说，沿丝绸之路西传的中国思想，为欧洲文明走出中世纪、走向文艺复兴和文化启蒙做出了独特的贡献。习近平总书记在亚洲文明对话大会开幕式上指出："中国的造纸术、火药、印刷术、指南针、天文历法、哲学思想、民本理念等在世界上影响深远，有力推动了人类文明发展进程。"[②] 这一概括可谓全面而深刻。

> 对待不同文明，我们需要比天空更宽阔的胸怀。文明如水，润物无声。我们应该推动不同文明相互尊重、和谐共处，让文明交流互鉴成为增进各国人民友谊的桥梁、推动人类社会进步的动力、维护世界和平的纽带。
>
> ——习近平：《在联合国教科文组织总部的演讲》（2014年3月27日）

当然，在古代世界的文化交往过程中，域外思想、学术也对中国文化的发展做出了巨大贡献。比如，佛教大规模传入中国以后，深刻影响着中国哲学和中国文化的发展，在一定意义上可以说，佛教与传统中国的儒家、道家相互影响、相互转化，在根本上塑造着中国人的精神世界，塑造着中国文化的内在性格和外在面貌。王阳明是中国传统思想的集大成者。据王阳明自己的记述，早年阳明探求学问时曾"求诸老释，欣然有会于心"。他后来两次游历九华山，遍访仙释，甚至多次萌生遗世入山的超脱念头。后来他在贵州龙场的山洞里，在日夜端居澄默的"打坐"中豁然开悟，始倡以儒为宗的心学要旨。可以说，宋明之际的儒家学者之所

① 金耀基. 中国民本思想史. 北京：法律出版社，2008：7.

② 习近平. 深化文明交流互鉴 共建亚洲命运共同体：在亚洲文明对话大会开幕式上的主旨演讲. 人民日报，2019-05-16.

以能够创造出博大恢宏的学说体系，把中国传统的思想文化推向又一高峰，很重要的一个原因，就是宋明的主流知识分子在“归本孔孟”之前，大都有着以开放的胸襟“出入释老”、深入学习佛家文化、积极吸收佛教思想精华的宝贵历程。

在鸦片战争爆发之前，清朝的统治者一直陶醉于几千年来的文化优越感之中，沉溺于“天朝上国”的美梦。乾隆皇帝曾对英国的使臣说：“天朝物产丰盈，无所不有，原不藉外夷货物以通有无。”乾隆君臣对使臣带来的如地球仪、望远镜、大型舰船模型等代表欧洲先进科技成果的物品没有丝毫兴趣，最终使得清王朝在故步自封中走向没落。图为乾隆皇帝接见英国马戛尔尼使团情景，由访华使团成员、英国画师威廉·亚历山大所绘。

明清之际，中国的封建统治者以“天朝上国”身份自居，实行海禁和锁国政策，陆海丝绸之路的商业贸易和文化交流受到重挫。明清统治者关闭与世界其他国家和文明互学互鉴大门的举措，使得中国在狭隘封闭中错失了发展进步的良机，为近代中国的落后和惨遇埋下了伏笔。这就从反面告诉我们，互学互鉴是推动文明发展进步的重要因素，坚持文明的互学互鉴精神则国家兴，背离文明的互学互鉴精神则民族危。

近年来，我国在国际交往中提出“一带一路”倡议，主办两届“一带一路”国际合作高峰论坛，召开亚洲文明对话大会，积极倡导“文明和谐论”，力主构建人类命运共同体。这些倡议和呼吁，顺应时代要求和各国人民发展进步的共同愿望，深刻体现着和平合作、开放包容、互学互鉴、互利共赢的宝贵精神。

二、借鉴人类文明优秀成果的应循原则

时至今日，经济全球化深入发展、政治多极化持续推进、文化多样化日益凸显、社会信息化高歌猛进。在这样一个愈加开放、多元和多样的世界里，以从容自信的心态积极吸收域外文明的精华和优长，对于中国经济、政治、文化、社会的持续发展具有非常重要的意义。在中外文化交流实践中从容自信地吸收借鉴人类文明的优秀成果，需要我们依循如下三条基本原则：

一是尊重包容原则。对异域文化给予充分的尊重和包容，是在中外文化健康交流中取长补短的重要前提。中华优秀传统文化历来倡导的“和而不同”理念，凸显的就是中华文化对域外文明所持有的尊重包容态度。新中国成立以后，中国共产党人以高度的文化自觉，继承和弘扬优秀传统文化的和合精神，创造性地提出了规范国际交往的和平共处原则。在1954年4月召开的日内瓦会议上，新中国第一次走上国际舞台传播中国声音。面对以美国国务卿杜勒斯为首的西方16国代表在大会上对中国进行的孤立和封锁，周恩来总理吟出的正是源

> 中国应该大量吸收外国的进步文化，作为自己文化食粮的原料，这种工作过去还做得很不够。这不但是当前的社会主义文化和新民主主义文化，还有外国的古代文化，例如各资本主义国家启蒙时代的文化，凡属我们今天用得着的东西，都应该吸收。但是一切外国的东西，如同我们对于食物一样，必须经过自己的口腔咀嚼和胃肠运动，送进唾液胃液肠液，把它分解为精华和糟粕两部分，然后排泄其糟粕，吸收其精华，才能对我们的身体有益，决不能生吞活剥地毫无批判地吸收。所谓“全盘西化”的主张，乃是一种错误的观点。形式主义地吸收外国的东西，在中国过去是吃过大亏的。
>
> ——毛泽东：《新民主主义论》（1940年1月）

于《礼记·中庸》的那句“万物并育而不相害，道并行而不相悖”，借此传播中国人尊重他国他族、包容异域文化的和谐之声。中国人在日内瓦发出的和谐之音还在人们耳畔萦绕的时候，在1955年的万隆会议上，周恩来又率领中国代表团顶着巨大的国际压力，将这种和谐之声凝固成坚定的国际交往原则，这就是作为“万隆精神”核心的“求同存异”原则。

需要强调的是，我们在日内瓦会议和万隆会议上传出的对他国和他文化的尊重包容声音，并不是什么权宜之计或外交辞令，而是在此后数十年间都被我们始终不渝地坚守和奉行的国际交往原则。改革开放以来，我们把这种尊重包容原则扩大到中外经济、政治、文化、社会交往的各个方面，在全方位的对外开放格局中取得了中国特色社会主义建设事业的辉煌成就。2014年春，习近平总书记访问欧洲。在巴黎的联合国教科文组织总部，习近平总书记在其发表的精彩演讲中强调了“尊重”“包容”原则对于文明互鉴的重要意义：“人类文明因包容才有交流互鉴的动力……一切文明成果都值得尊重。”[①] 2019年5月，来自亚洲47个国家和五大洲的各方嘉宾齐聚北

> 历史学家郭沫若，在1926年1月发表了一篇题为《马克思进文庙》的文章。他以丰富的想象力勾画出孔子和马克思穿越千年在文庙中会面的情景，并由此展开了一场别开生面的思想交流。在郭沫若的这篇文章中“马克思”说道：我们的主义已经传到你们中国，我希望在你们中国能够实现，但是近来有些人说，我的主义和你的思想不同，我想知道到底有什么样的不同。紧接着二人便将自己的社会理想分别做了介绍。在听完各自的阐释之后，“孔子”兴奋地说道，原来你的理想社会和我的大同世界竟是不谋而合。在交谈中“马克思”发现，孔子和自己的思想还是存在着很多区别的，但根本大义却是一致的。因此，“马克思”感叹道，未曾想到在2 000年前，在远远的东方，已经有了你这样的一个老同志！

① 习近平. 文明交流互鉴是推动人类文明进步和世界和平发展的重要动力. 求是，2019（9）.

京，参加亚洲文明对话大会。为深化亚洲及世界各国之间的文化交流和文明互鉴，习近平总书记代表中国提出了四点主张，其中第一点就是“坚持相互尊重、平等相待”。习近平总书记以生动鲜活的语言说道：“文明只有姹紫嫣红之别，但绝无高低优劣之分。认为自己的人种和文明高人一等，执意改造甚至取代其他文明，在认识上是愚蠢的，在做法上是灾难性的！如果人类文明变得只有一个色调、一个模式了，那这个世界就太单调了，也太无趣了！”[①] 总之，尊重包容原则，是我们今后更加深入地推动对外开放实践，更加从容自信地学习域外文明优长时所应当秉持的重要原则。

> “独学而无友，则孤陋而寡闻。”对人类社会创造的各种文明，无论是古代的中华文明、希腊文明、罗马文明、埃及文明、两河文明、印度文明等，还是现在的亚洲文明、非洲文明、欧洲文明、美洲文明、大洋洲文明等，我们都应该采取学习借鉴的态度，都应该积极吸纳其中的有益成分，使人类创造的一切文明中的优秀文化基因与当代文化相适应、与现代社会相协调，把跨越时空、超越国度、富有永恒魅力、具有当代价值的优秀文化精神弘扬起来。
>
> ——习近平：《在纪念孔子诞辰 2 565 周年国际学术研讨会暨国际儒学联合会第五届会员大会开幕会上的讲话》（2014 年 9 月 24 日）

二是以我为主原则。尊重异域文化，并不意味着要在崇洋媚外的非理性喧嚣中迷失自我；学习西方文化的优长，也不意味着要在“全盘西化”的极端心态下自贬自弃、自污自戕。因此，文化交流固然需要倡导彼此间的平等和尊重原则，但在学习借鉴外来文化的过程中我们必须牢守以我为主、为我所用的基本原则。

三是创造转化原则。文化是人类在社会性的生产生活实践中的能动创造物。因此，文化本身

① 习近平. 深化文明交流互鉴　共建亚洲命运共同体：在亚洲文明对话大会开幕式上的主旨演讲. 人民日报，2019-05-16.

就具有鲜明的民族性和时代性特征。这就注定我们在学习、吸纳外来文化的优秀成分时，要避免机械性的照搬照抄做法，要注重将外来文化与中国的现实状况相结合，从而使之转化成具有自己风格的中国文化。在此意义上，创造转化原则与以我为主原则是统一的。以我为主原则本身就要求我们将吸纳进来的异域文化融汇到本己文化的主流当中，从而实现本己文化的发展和壮大。如果不对吸纳进来的异域优秀文化进行本土化的加工和改造，外来文化也就不能与本民族的文化主流融为一体、有机共生。

其实，原本诞生于欧洲的马克思主义，之所以能够在中国的历史文化土壤和现实土壤中生根发芽、开花结果，并成为帮助中华民族走出百余年的屈辱和灾难的有效武器，成为指引中国社会在独立自主的情况下走向繁荣昌盛的伟大旗帜，就是因为中国共产党人在学习和运用马克思主义理论解决中国问题时，注重将马克思主义与中国实际和中国文化传统相结合，使之成为中国化的马克思主义。对待马克思主义是如此，对待世界其他文化成果更需要如此。中国古人常说：“人能弘道，非道弘人。”任何优秀的外来文化成果，要能为我所用，对“我”有所助益，都需要“我”基于自身的基础，运用自身的能动性对之进行加工、改造和转化，使之符合“我”的特征、“我”的风格和“我”的诉求。

三、实现“文明和谐”的美好愿景

针对西方部分学者和政客一贯鼓吹的“文明冲突”论，习近平主席在联合国教科文组织总部发表演讲时明确提出了“文明和谐”论。他说：“历史告诉我们，只有交流互鉴，一种文明才能充满生命力。只要秉持包容精神，就不存在什么‘文明冲突’，就可以实现文明和谐。”[①] 打造当今世

① 习近平. 文明交流互鉴是推动人类文明进步和世界和平发展的重要动力. 求是，2019（9）.

界“文明和谐”的美好愿景，一要破除“文明冲突”论的迷思，二要增进人类命运共同体意识，三要积极阐扬全人类共同价值。

第一，破除“文明冲突”论的迷思。冷战结束之后，美国政治学家亨廷顿于1993年在美国著名的《外交》杂志上发表了《文明的冲突？》一文，从文化、文明的角度揭示“后冷战时代”世界对抗的根源和实质。虽然亚洲学者们对这一理论提出了潮水般的质疑，但亨廷顿并不服气，他的基本立场也无丝毫动摇，他以《如果不是文明，那又是什么？》为题，回应学界的质疑并强化自己的固有观点。

亨廷顿的“文明冲突”论在西方颇受热捧。2014年是第一次世界大战爆发的100周年。全世界都在反思总结战争教训并预测人类的未来发展趋势。美国贝尔弗科学和国际问题研究中心主任格雷厄姆·艾利森曾在《大西洋》月刊发表纪念文章，探析当今世界距离新的世界大战究竟有多远的问题。艾利森在对比2014年与1914年的“七个不同点”时，将新时期全球范围内的“文明冲突”放在第一位。他援引亨廷顿的理论，认为“2014年不同文明之间的价值观差异要超过1914年，这就对［全球］稳定构成了威胁”[①]。西方知识分子的“文明冲突”论为今天美国政府的国际战略提供了学理上的“精心论证”。实际上，美国国务院已经直言不讳地将21世纪的中美关系视为美国历史上从未经历过的“文明冲突”。据美媒揭露，美国国务卿迈克·蓬佩奥团队“正基于‘与一个完全不同的文明作战’的理念制定对华战略”，美国国务院政策规划事务主任斯金纳说，“这是与一个完全不同的文明和不同的意识形态进行的作战，美国以前从未经历过这样的事”[②]。

那么，不同地区、不同国家、不同民族所创造的文化、文明之间，究

① 1914与2014的七个同与不同. 参考消息，2014-08-05.

② 美国务院研究应对“中美文明冲突”. 参考消息，2019-05-03.

竟是彼此对立、相互冲突的，还是可以并行不悖、和谐相处的？“文明冲突”论的观点，究竟错在哪里？

要有力批判西方的“文明冲突”论，就需要从其文化根源上着手。亨廷顿在讨论当今“多文明的全球政治”问题时，将“文明冲突”的理论追溯到了2 500年前的古希腊历史学家修昔底德，将“国强必霸”的西方实践追溯到了雅典和斯巴达为争夺霸权而爆发的伯罗奔尼撒战争。亨廷顿说：“西方的文明史是一部兴起和衰落的国家之间的‘霸权战争’史。”① 他据此写道：“所有其他大国［如］英国、法国、德国、日本、美国和苏联，在经历高速工业化和经济增长的同时或在紧随其后的年代里，都进行了对外扩张、自我伸张和实行帝国主义。没有理由认为，中国在经济和军事实力增强后不会采取同样的做法。”② 其实，将这种提倡霸权和冲突的西方文化理念，置放于历来崇尚和谐共生的中华文化之上，并以此揣测中华文明的未来发展趋势，这种做法是相当滑稽的。

中华民族一向崇尚“刚健自强”，历来怀有“民富国强”的梦想。但是，中国古人对“强”的理解与西方文化倡导的“国强必霸”的强权思维、对抗逻辑截然不同。中华传统文化中的“强”，不是自我与他者相互比较中的概念，不是人我对比与对抗中的“高强”。中国古人强调：“反听之谓聪，内视之谓明，自胜之谓强。”（《史记·商君列传》）所谓“自胜之谓强”，意指“强”在于能够战胜自我，能够在自我的生存发展中不断突破自己、超越自己，不断引导自己达至崭新的境界和高度。这就是中国人历来崇尚的“天行健，君子以自强不息”的深刻文化意蕴。如果“强”意味着人的“克己”和自我超越，那么中国古人怎么看“人己”关系？在中华传统文化中，人与人之间、国与国之间不是相互对立和相互冲突的，

① 亨廷顿. 文明的冲突与世界秩序的重建. 修订版. 周琪，等译. 北京：新华出版社，2010：185.

② 同① 205.

而是彼此和谐、相互扶助、共同发展的。因此，中国古人在人际交往中追求的是“己欲立而立人，己欲达而达人”（《论语·雍也》）的“成人之美”境界；在国际交往中崇尚的是“协和万邦”“万国咸宁”“天下太平”的文明和谐景象。

当今世界，和平、发展、合作、共赢更是成为各国人民的共同向往，成为不可抗拒的时代潮流。在此背景下，少数西方国家对外推行霸权主义和强权政治，不仅拂逆世界人民的意愿，而且违背本国人民的利益。“文明冲突”论迷思，可以休矣！

第二，增进人类命运共同体意识。“人类命运共同体”是新时代中国特色外交理论与实践中的一个热词，是新形势下助力世界各国积极建构新型国际关系的中国智慧和中国方案。2015 年 9 月，习近平总书记出席第七十届联合国大会时发表《携手构建合作共赢新伙伴　同心打造人类命运共同体》的重要讲话，系统阐释了构建人类命运共同体的着力之点。构建人类命运共同体，关键是要在摒弃传统的冲突思维、零和思维基础上，增进人类命运与共、同心发展的共同体意识。

> 从顺应历史潮流、增进人类福祉出发，我提出推动构建人类命运共同体的倡议，并同有关各方多次深入交换意见。我高兴地看到，这一倡议得到越来越多国家和人民欢迎和认同，并被写进了联合国重要文件。我希望，各国人民同心协力、携手前行，努力构建人类命运共同体，共创和平、安宁、繁荣、开放、美丽的亚洲和世界。
>
> ——习近平：《开放共创繁荣　创新引领未来——在博鳌亚洲论坛 2018 年年会开幕式上的主旨演讲》（2018 年 4 月 10 日）

增进人类命运共同体意识，应深刻认识近代以来世界各国人民休戚与共的一体化趋势。法国经济学家泰尔多尔·莱维于 20 世纪 80 年代提出了著名的“全球化”（globalization）概念，用以指称世界各国的生产和消费关联日益紧密的发展趋势。莱维的“全球化”概念产生于40年前，但人类的“全球化”运动则在数百年前的近代工业革命中就已开启了。马克思、恩格斯在《共产党宣言》中深刻指出：“大工业建立了由美洲的发现所准备好的世界市场。世界市场使商业、航海业和陆路交通得到了巨大的发展。这种发展又反过来促进了工业的扩展。”在利润的撬动下，“不断扩大产品销路的需要，驱使资产阶级奔走于全球各地。它必须到处落户，到处开发，到处建立联系”。这种状况所催生的是：“资产阶级，由于开拓了世界市场，使一切国家的生产和消费都成为世界性的了。”[①] 马克思、恩格斯这里描述的“世界生产”和“世界市场”，就是人类社会全球化运动的早期形态。

需要指出的是，这一时期的全球化运动具有两大特征：一是表现为西方对东方的侵略和暴力殖民，二是表现为西方内部的竞争和军事冲突。这就使得此时的全球化运动呈现出一个奇特现象：世界性的生产和消费虽然要求人们建立一体的世界格局和全球秩序，但在这一历史时期却爆发了两次撕裂人类社会的异常惨烈的世界大战。其实，这里的逻辑不难理解，战争虽然意味着冲突和对抗，但它本身亦是强国之间争夺一体化世界领导权的手段，只是这一手段在进步的全球化运动面前十分落后和野蛮罢了。在第二次世界大战中，人们有感于世界一体化需要与残酷的世界战争之间的矛盾，提出“ One World”概念，我国著名社会学家费孝通先生将之准确地翻译为“世界一体”[②]。二战结束后，为远离战争、维护和平，世界各国代表齐聚旧金山参加联合国家国际组织会议，共同成立联合国。联合国是“世界一体化”运动中的重要里程碑，冷战结束后，其为制止国家和地区冲突、守护人类和平合作发挥着越来越重要的作用。中国共产党和中国人民一直尊重和维护联合国权威，主张在联合国框架下解决全球治理问题。

① 马克思，恩格斯. 马克思恩格斯文集：第2卷. 北京：人民出版社，2009：35.
② 费孝通. 费孝通论文化与文化自觉. 北京：群言出版社，2007：82.

2015年，习近平总书记在联合国峰会上再次明确呼吁，各国“要继承和弘扬联合国宪章的宗旨和原则，构建以合作共赢为核心的新型国际关系，打造人类命运共同体”[①]。

但是，众所周知，第二次世界大战结束后的世界并非真正意义上的太平之世，而是陷入了以美苏为首的两大阵营间持续数十年的冷战格局。冷战后期，尤其是20世纪90年代以来，和平与发展虽然成为时代主题，但霸权主义和强权政治仍然存在。近年来，随着中国的发展和壮大，固守旧式冷战思维的美国政客日益露骨地将中国视为威胁。2019年4月，美国总统特朗普尖锐批评美国国内关于中国人“不是坏人”的观点，斥责拜登“在中国问题上非常天真”，“非常愚蠢”[②]。2020年10月，美国民主党总统候选人拜登接受哥伦比亚广播公司专访，面对“哪个国家是美国面临的最大威胁”问题，直言“中国是美国最大的竞争对手”。可以说，美国朝野上下激荡的“中国威胁”论等错误思维和荒谬言论，与当前世界一体化的客观趋势相矛盾，与各国人民和平发展合作共赢的追求相背离。在此境况下，积极传播人类命运共同体思想、有效增进世人的人类命运共同体意识，十分迫切。

第三，阐扬全人类共同价值。2015年9月，习近平总书记在纽约出席联合国成立七十周年系列峰会时，提出了“全人类的共同价值”概念，并把世界各国人民共同追求的“和平、发展、公平、正义、民主、自由”视为全人类共同价值的基本内涵和联合国的崇高目标。同时，习近平总书记代表中国政府向联合国赠送一座“和平尊”，用以表达中国人民希望与世界各国一道求和平、谋发展、促合作、图共赢的愿望。联合国时任秘书长潘基文高度认同习近平总书记的讲话精神，在出席“和平尊”赠送仪

① 为了“联合国人民”的共同福祉：习近平主席出席联合国成立七十周年系列峰会侧记. 人民日报，2015-09-30.

② 特朗普批拜登对华“非常天真”. 参考消息，2019-05-04.

式时表示：“‘和平尊’代表了中国同联合国的共同价值观和密切合作关系。”[①] 构建“文明和谐”的世界文化愿景，需要我们积极阐扬全人类共同价值。

我们今天倡导的全人类共同价值与西方鼓吹的所谓“普世价值”之间究竟有什么根本区别？我们在反对西方所谓“普世价值”的同时，如何讲清楚“共同价值”的合理性？

从根本上说，价值观是调节社会关系的规则、规范，而社会关系则是社会生产实践的产物。因此，价值观基于特定的社会生产实践，反映并反作用于人们在这种生产实践基础上结成的社会关系。换句话说，社会性的生产活动需要社会性的组织和交往，社会性的组织和交往需要一定的规则——也就是价值观；而不同的生产方式和交往方式产生不同的价值观。中国古人倡导的忠孝仁义价值观、近代西方宣扬的自由平等价值观等，反映的都是不同生产方式基础上的不同交往规范。

那么，现代西方资产阶级所谓的“普世价值”论为什么是错误的呢？他们将自己的价值观鼓吹为“普世价值”，但其所谓的“普世价值”来源于近代西方的资本主义生产实践，在根本上反映的只是近现代西方社会的生产方式和交往方式。因此，这种价值观不可能是普遍适用于一切时代、一切民族的永恒真理。在批判资产阶级倡导的自由、平等价值观时，马克思、恩格斯就曾深刻揭露资产阶级“自由”理念赖以存在的经济社会基础：“在现今的资产阶级生产关系的范围内，所谓自由就是自由贸易、自由买卖。”因此，“买卖一消失，自由买卖也就会消失”，而资产阶级的自由思想也将沦为“毫无意义”的空话[②]。可以说，资产阶级植根于自身独特的生产方式基础上的价值观，在根本上缺乏普世性的社会现实根基，因而

① 为了“联合国人民”的共同福祉：习近平主席出席联合国成立七十周年系列峰会侧记. 人民日报，2015-09-30.

② 马克思，恩格斯. 马克思恩格斯文集：第 2 卷. 北京：人民出版社，2009：47.

不可能是普世的。

既然如此，西方势力为何热衷于把自己的某些价值观包装成所谓的“普世价值”，并不遗余力地向非西方国家推销呢？事实上，它们所谓的“普世价值”，只是它们用来抹黑、攻击非西方国家的“意识形态工具”，是它们制造“颜色革命”以“演变”和“颠覆”他国政权的政治工具。就连鼓吹所谓“文明冲突”论的美国学者亨廷顿，在谈及“普世价值”问题时也不得不承认：“普世文明的概念是西方文明的独特产物。19 世纪，‘白人的责任’的思想有助于为西方扩大对非西方社会的政治经济统治作辩护。20 世纪末，普世文明的概念有助于为西方对其他社会的文化统治和那些社会模仿西方的实践和体制的需要作辩护。普世主义是西方对付非西方社会的意识形态。”[①] 对于西方所谓的“普世价值”的虚伪性、欺骗性，我们要有清醒的认识。习近平总书记指出：“这些人是真的要说什么‘普世价值’吗？根本不是，他们是挂羊头卖狗肉，目的就是要同我们争夺阵地、争夺人心、争夺群众，最终推翻中国共产党领导和中国社会主义制度。如果听任这些言论大行其道。指鹿为马，三人成虎，势必搞乱党心民心，危及党的领导和社会主义国家政权安全。”[②] 习近平总书记对西方所谓的“普世价值”虚假面目的揭露，可谓一针见血。

与之相区别的是，今天我们倡导的全人类共同价值，是全球性的生产交往实践的产物，具有牢固的现实基础。马克思、恩格斯在《共产党宣言》中探讨世界性的生产和消费时，就曾预言世界性的文化和价值观必然会出现。他们写道：“物质的生产是如此，精神的生产也是如此。各民族的精神产品成了公共的财产。民族的片面性和局限性日益成为不可能，于

---

① 亨廷顿. 文明的冲突与世界秩序的重建. 修订版. 周琪，等译. 北京：新华出版社，2010:45.

② 中共中央文献研究室. 习近平关于社会主义文化建设论述摘编. 北京：中央文献出版社，2017：27.

是由许多种民族的和地方的文学形成了一种世界的文学。”[①] 恰如汉译界所公认的，此处的“文学”一词，在德文版中为“ literatur”，除狭义上的“文艺之学”含义外，它在此处还包含科学、艺术、哲学、政治等含义[②]。可以说，马克思在这里强调的“世界文学”，实指超出了狭隘地域局限的“世界文化”和全人类的共同价值观。

时至今日，随着生产力的高度发展和信息技术的日益进步，世界各国在生产和交往实践中形成了愈加紧密的关系，因此也就愈加迫切地需要形成共同的交往规则，形成人们共同认可的价值观。正是在这一背景下，习近平总书记基于当今世界的时代主题，基于联合国宪章的基本精神，基于各国人民求和平谋发展的共同心愿，创造性地提出了“全人类的共同价值”这一重要概念，并以“和平、发展、公平、正义、民主、自由”为其基本内涵。

可以说，人类命运共同体与全人类共同价值是相互联系、相辅相成的。一方面，正是由于世界各国之间在客观上越来越成为一个“你中有我、我中有你”的人类命运共同体，全人类的共同价值才有了赖以产生的现实基础。另一方面，为呵护人类命运共同体，真正把人类居住的地球建设成一个和平、繁荣、美好的共同家园，就必须把全人类共同价值当作指导各国交往的基本遵循，积极阐扬全人类共同价值势在必行。

---

①② 马克思，恩格斯. 马克思恩格斯文集：第 2 卷. 北京：人民出版社，2009：35.

06

第六章　如何“面向未来”，再铸辉煌？

“国家之魂，文以化之。”文化是一个国家、一个民族的灵魂。没有高度的文化自信，没有文化的繁荣兴盛，就没有中华民族伟大复兴。中华民族创造了源远流长的中华文化，中华民族也一定能够创造出中华文化新的辉煌。今天我们高倡文化自信的重要目的，就是要引导人们在不忘本来、吸收外来的基础上，面向未来担负起新的文化使命，助推中国特色社会主义文化繁荣兴盛，铸就中华文化新辉煌。新时代中国特色社会主义文化建设是一项系统工程，其重要任务，包括建设具有强大凝聚力和引领力的社会主义意识形态，在全社会积极培育和弘扬社会主义核心价值观，加强思想道德建设，以提高人民的思想觉悟、道德水平、文明素养，繁荣发展社会主义文艺，推动文化事业和文化产业发展等。龙衮九章，但挚一领。推进中华文化繁荣发展这一宏伟工程的关键，是要明确我们文化建设的指导思想、基本路径、根本立场和领导力量。

一、坚持以马克思主义为指导

2016 年 5 月，习近平总书记在哲学社会科学工作座谈会上论及坚持马克思主义在我国哲学社会科学领域的指导地位时指出：“无论时代如何变迁、科学如何进步，马克思主义依然显示出科学思想的伟力，依然占据着真理和道义的制高点。”① 马克思主义是科学的理论，是近代以来引领中国社会发展进步的宝贵指南。巩固马克思主义在意识形态领域的指导地位，筑牢当代国人的马克思主义信仰信念，是推进新时代中国特色社会主

① 习近平. 在哲学社会科学工作座谈会上的讲话. 人民日报，2016-05-19.

坐落于伦敦北郊海格特公墓内的马克思墓吸引着无数向往者和马克思主义者前往瞻仰。墓碑下方篆刻着两句广为人知的话："全世界无产者，联合起来""哲学家们只是用不同的方式解释世界，而问题在于改变世界"。图为2018年5月3日，在英国伦敦北部海格特公墓，刚刚维修过的马克思墓迎来一名拜谒者。

义文化发展的根本要求。

马克思主义具有高度的科学性和真理性。新世纪前后，英国广播公司先后开展了"千年第一思想家"和"古今最伟大哲学家"的公开评选活动。在这两次评选中，马克思的得票数均高居榜首。马克思为什么能够在今天的西方世界赢得如此之高的赞誉？我们认为，其中一个很重要的原因，就是作为一个思想和洞见远超同时代人们的伟大人物，马克思用其毕生心血开创的理论体系，不仅没有随着历史的发展而过时，反而伴着时代的进步而逐渐爆发出真理的耀眼光芒。正如剑桥大学政治学教授加里斯特·琼斯所指出的："如果你读《共产党宣言》，你不得不承认它是一个很有力、很了不起的文件。虽然出版于1848年，但我们现在经常谈到的全球化、裁员、跨国公司（国际公司）、世界经济朝这个或那个方向发展，所有这些内容书中都能找到，它有令人惊讶的现实意义，任何其他文献都没有这个力量。"琼斯在这里所说的"现实意义"，指的就是马克思主义理论在当今时代所具有的强大生命力和深刻影响力。

英国学者弗朗西斯·未恩认为，马克思的"很多思想现在看来都非常现代也很新鲜。也许这些思想现在比他当年写作时更能引起共鸣。例如关于全球化的论述，关于技术变化的速度以及这种变化对社会的影响，社会关系等等”[①]。美国学者海尔布隆纳在其著作《马克思主义：赞成与反对》中指出，要探索人类社会发展前景，必须向马克思求教，人类社会至今仍然生活在马克思所阐明的发展规律之中。其实，马克思主义理论对人类社会未来发展趋势的科学预测，绝不仅仅局限于经济全球化等命题，马克思主义理论体系中最光辉、最耀眼的，是对共产主义必将取代资本主义而成为人类社会未来发展趋势这一规律的深刻揭示。因此可以说，马克思主义

2018 年 5 月 4 日，习近平总书记在纪念马克思诞辰 200 周年大会上发表重要讲话，以“胸怀崇高理想、为人类不懈奋斗的一生”“不畏艰难险阻、为追求真理而勇攀思想高峰的一生”“为推翻旧世界、建立新世界而不懈战斗的一生”梳理马克思的人生轨迹，“顶天立地的伟人，也是有血有肉的常人”生动勾勒出马克思的伟岸形象。同时，习近平总书记以“科学的、人民的、实践的、不断发展的开放的”理论凝练马克思主义的鲜明特征，充分揭示出马克思主义理论是科学的、人民的、实践的、开放的；并以中华民族“从东亚病夫到站起来的伟大飞跃”“从站起来到富起来的伟大飞跃”“从富起来到强起来的伟大飞跃”归纳马克思主义在中国的生动实践，深刻阐释了马克思主义的思想伟力和理论光芒。图为“真理的力量——纪念马克思诞辰 200 周年主题展览”现场。

① 陶德麟，石云霞. 马克思主义基本原理概论. 武汉：武汉大学出版社，2006：39.

理论体系的科学性与真理性，还远没有被世人普遍体认。今天的我们在高举马克思主义旗帜、沿着中国特色社会主义道路开拓进取时，应对我们指导思想的科学性和真理性充满高度的自信。

坚持马克思主义和发展马克思主义是相辅相成的。马克思主义诞生以来的 100 多年间，在日新月异的科学技术推动下，人们的生产生活方式、往来交流方式发生着天翻地覆的变化。因此，马克思、恩格斯针对 19 世纪西方社会的有关具体现状的分析和解剖，也许在今天的实际生活中已经失去了具体、直接的借鉴意义。但是，马克思主义对人类社会的本质和发展规律的揭示，则穿透具体的时空限制而具有永恒的价值和魅力，这就是马克思至今仍被世人公认为“千年思想家”的根本原因。所以，我们在今天的社会发展和文化建设中坚持以马克思主义为指导，不是要在马克思主义的经典著作中寻章摘句，寻找现成的参考答案，而是要把马克思主义基本原理与当下具体实践相结合，积极探索指导当下社会实践的方针、政策和举措，并在这一过程中不断推动马克思主义的丰富和发展，推动马克思主义的中国化和时代化。

> 我们说马克思主义是对的，决不是因为马克思这个人是什么“先哲”，而是因为他的理论，在我们的实践中，在我们的斗争中，证明了是对的。我们的斗争需要马克思主义。我们欢迎这个理论，丝毫不存什么“先哲”一类的形式的甚至神秘的念头在里面。
>
> ——毛泽东：《反对本本主义》（1930 年 5 月）

早在 20 世纪三四十年代，毛泽东就在《反对本本主义》和《整顿党的作风》等文章中旗帜鲜明地批评那些将马克思主义视为固定公式的教条主义做法。他一再强调：“中国共产党人只有在他们善于应用马克思列宁主义的立场、观点和方法，善于应用列宁斯大林关于中国革命的学说，进一步地从中国的历史实际和革命实际的认真研究中，在各方面作出合乎中国需要的理论性的创造，才叫做理论和实际相联系。”[①] 正是基于这种创新创造的理论自觉，我们党在新民主主义革命和社会主义革命与建设实践中形成了毛泽东思想这一光辉成果，并在这一中国化马克思主义的指导下，取得了中国革命与建设的巨大成就。改革开放初期，面对“两个凡是”对人们思想的禁锢，邓小平在多个场合反复呼吁解放思想，积极倡导实事求是精神。正是在邓小平“马克思主义要发展”“毛泽东思想也要发展”“否则就会僵化”[②] 的大声疾呼下，我们才有了突破陈规、大胆创新的勇气，才有了中国特色社会主义实践的开展和中国特色社会主义理论的创生。

党的十八大以来，包括文化领域在内的中国社会各领域发生着巨大变化，中国特色社会主义进入一个崭新的时代。推动新时代的文化建设和文化发展，必须坚持以马克思主义在新时代的最新成果为指导。党的十九大报告系统呈现了习近平新时代中国特色社会主义思想的基本内容。习近平新时代中国特色社会主义思想是马克思主义中国化的最新理论成果，是新时代坚持和发展中国特色社会主义的行动指南。其中关于新时代中国特色社会主义文化建设的战略擘画，就是我们铸就中华文化新辉煌的根本遵循。

> 网络意识形态安全风险问题值得高度重视。网络已是当前意识形态斗争的最前沿。掌控网络意识形态主导权，就是守护国家的主权和政权。
>
> ——习近平：《坚决打赢网络意识形态斗争》(2015年5月20日)

以马克思主义为指导推动中国特色社会主义文化的繁荣兴盛，建设社会主义文化强国，最为根本的举措，是要毫不动摇地坚持马克思主义在意识形态领域的指导地位。党的十九大报告明确强调：“意识形态决定文化前进方向和发展道路。”习近平总书记甚至从治国理政

① 毛泽东. 毛泽东选集：第3卷. 2版. 北京：人民出版社，1991：820.

② 邓小平. 邓小平文选：第2卷. 2版. 北京：人民出版社，1994：128.

的战略全局出发，高度重视意识形态工作。习近平总书记鲜明指出：“经济建设是党的中心工作，意识形态工作是党的一项极端重要的工作。”坚持马克思主义在意识形态领域的指导地位，事关我国的文化安全和意识形态安全，事关全党全国各族人民团结奋斗的共同思想基础。有鉴于此，党的十九届四中全会明确提出要坚持马克思主义在意识形态领域指导地位的根本制度，并将其列为繁荣发展社会主义先进文化制度的首要内容。我们相信，有着马克思主义这一科学、先进的思想理论的指引，中华文化的复兴前景不再遥远。

二、坚持文化发展的中国道路

中国特色社会主义是改革开放以来我们党的全部理论和实践的主题。在当代中国，我们所要建设和发展的文化是中国特色社会主义文化，我们所应遵循的基本道路是中国特色社会主义文化发展道路。党的十九大报告指出：“中国特色社会主义文化，源自于中华民族五千多年文明历史所孕育的中华优秀传统文化，熔铸于党领导人民在革命、建设、改革中创造的革命文化和社会主义先进文化，植根于中国特色社会主义伟大实践。”[①]这一论断深刻指出了中国特色社会主义文化的历史来源和现实基础，也为我们在新时代建设和发展中国特色社会主义文化确立了基本的方法论原则。

坚持中国特色社会主义文化发展道路，要深刻认识这条道路的历史必然性。中华优秀传统文化是中国特色社会主义文化得以产生、发展和壮大的源泉与沃土，中国特色社会主义文化与近代革命文化一脉相承。

中华文化的主流是人本文化而不是神本文化，这就注定近代以来的中国人民在道路选择上，不会接受西方宗教改革之后建立在基督新教基础上

① 习近平. 决胜全面建成小康社会　夺取新时代中国特色社会主义伟大胜利：在中国共产党第十九次全国代表大会上的报告. 人民日报，2017-10-18.

的资本主义伦理和资产阶级文化；注定中华文化在近代转型中必然选择马克思主义的无神论立场，沿着民族化、科学化、大众化的方向走新民主主义文化及社会主义文化发展的基本道路。中华传统文化的这种人本特质源远流长。中华先民早在 3 000 多年前的西周时期，就已经终结了殷商一朝所保有的神本文化，而开始向人本文化进行过渡。《尚书·皋陶谟》中“在知人，在安民”“天聪明，自我民聪明。天明畏，自我民明威”等，就是这一人本文化的经典表达。《论语》中的“子不语怪力乱神”“未能事人焉能事鬼”“未知生焉知死”等深刻表述，已然奠定了中华传统文化的主流思潮所具有的现世主义无神论特征。近代时期，以康有为为代表的不少变革人士在探讨救亡之策时，鉴于宗教信仰在西方主流文化中的巨大影响，也提出了创立中国人自己的“国教”的口号，但种种努力都无果而终。风云激荡之下，马克思主义传到中国，其人本立场和无神论特质与中国文化天然相合，因此在短短数十年内即风行大盛，并最终成为中国文化的主流和正统，实为理所固在、势之必然。

此外，中国传统文化历来倡导的是集体主义、天下为公，而不是个人主义、利己原则。这就注定近代以来的中国人民难以选择以私有制为基础的资产阶级的个人主义文化，而必然选择以公有制为基础的社会主义、集体主义文化。中华文化追求公平正义（“崇正义”）和天下为公（“求大同”）的精神特质，我们在前文已有剖析。近代国人在黑暗中探求救国真理的过程中，产生了一位被人们称为“西学圣人”的代表人物，他就是早年明确反对洋务派“中体西用”主张的严复。在严复看来，要学习西方文化的科技之用，就必须学习西方文化的精神之体。可是，晚年的严复在目睹欧洲列强挑起的异常惨烈的第一次世界大战之后，对西方文化的个人主义、利己主义本质有了清醒认知，并从根本上走出了早前的西化立场。他说：“亲见脂那七年之民国与欧罗巴四年亘古未有之血战，觉彼族三百年

> 《尚书·周官》记载了“以公灭私，民其允怀”的训诫。《吕氏春秋》指出：“夫私视使目盲，私听使耳聋，私虑使心狂。三者皆私设，精则智无由公。智不公，则福日衰，灾日隆。”《太公六韬》则曰：“天下非一人之天下，乃天下之天下也。同天下之利者，则得天下；擅天下之利者，则失天下。”明清之际著名思想家、史学家黄宗羲则认为理想君主应为：“不以一己之利为利，而使天下受其利；不以一己之害为害，而使天下释其害。”可见“天下为公”“公而忘私”等思想在中华传统文化中的积蕴之深。

之进化，只做到‘利己杀人，寡廉鲜耻’八个字。”①

由此可见，西方资产阶级倡导的个人主义文化与中华文化的集体主义精神格格不入。于是，随着资产阶级领导的旧民主主义的失败，中华民族在新文化运动中自觉选择了马克思主义理论，并在此后的革命、建设、改革中缔造和发展出新民主主义文化与社会主义先进文化。可以说，坚持中国特色社会主义文化发展道路，是历史的必然、人民的选择，是我们实现中华文化复兴的必由之路。

坚持中国特色社会主义文化发展道路，要立足当前实际，坚持守正创新。文化，尤其是思想文化，作为社会上层建筑的重要组成部分，具有深刻的意识形态属性。中国特色社会主义文化，立足于公有制为主体、多种所有制经济共同发展的基本经济制度和人民当家作主的社会主义政治制度，在根本属性上，是以马克思主义为指导的社会主义文化而不是其他什么主义的文化。因此，坚持中国特色社会主义文化发展道路，必须立足中国实际而不是抛开这一实际，必须坚持为社会主义服务而不是崇媚其他什么主义。

在思考中国文化的前途和命运问题时，有的人不能坚持马克思主义的文化观，不能在唯物主义基本原理下思考文化的本质、功能和作用。比如，在文化道路的古今选择上，有人认为弘扬优秀传统文化，就是要用儒

① 王栻．严复集：第3册．北京：中华书局，1986：692.

> 当代中国的伟大社会变革，不是简单延续我国历史文化的母版，不是简单套用马克思主义经典作家设想的模板，不是其他国家社会主义实践的再版，也不是国外现代化发展的翻版。
>
> ——习近平：《在纪念马克思诞辰200周年大会上的讲话》（2018年5月4日）

学改造马克思主义，把马克思主义儒学化，从而回归所谓的儒学“正统”。这种否定历史发展的复古主义观点之所以不正确，是因为它脱离了文化所应立足的社会现实。事实上，以中国古代农耕生产方式为基础形成的传统文化，如忠孝文化和礼乐文明，在根本上服务于古代家国同构的宗法社会，因此具有浓厚的封建色彩。随着社会生产力的发展和生产关系的变革，传统文化作为一个整体的文化系统，早已失去了其赖以立足的现实基础。因此，文化建设中这种重走守旧老路的方案注定行不通。

值得强调的是，批判文化保守主义与弘扬优秀传统文化并不冲突。马克思主义的一个基本观点就是，属于人的意识范畴的文化，虽然是对社会存在的反映，但这种反映并不是机械的，而是能动的。这种能动性，在一定意义上就表现为思想、文化对社会存在的超越。因此，在当代中国，作为整体系统的传统文化已失去存在根基，但其中不少优秀成分、宝贵元素，具有跨越时空的当代价值。所谓“当代价值”，就是对当代中国社会实践具有积极意义。因此，我们弘扬优秀传统文化，就是要立足当代实践，把这些优秀资源继承下来，并加以创造性转化和创新性发展，使之服务于当代中国的文化建设和社会进步。在这一过程中，我们应始终立足当代实际，始终不能脱离社会现实。这就是文化发展的历史辩证法。

在当代中国文化发展道路的选择上，除了这种“古今”之争外，还存在着“中西”之争。比如，至今仍有人坚持“西化”主张，认为我们应当全盘接受西方所谓的“普世”文化。这种观点同样脱离了当今中国社会蓬勃发展的生动现实。近代以来，东西方人们以西方文化为出发点而错解、误读中国的案例比比皆是。比如，在二战之后中国社会的道路选择上，以美国为首的西方资本主义国家坚信自身文化的普世性，它们在经济、政治、军事、文化、外交等领域，全方位扶持当时中国内部实力最强的国民党势力，希望在东亚大陆建立一个推行西方制度、认同西方文化的资本主义国家。但是，短短数年间，中国大地形势风云激荡，中国共产党人在人民群众的支持下击溃了不可一世的国民党政权。这一结果是如此地出乎西方人的预料，以致在新中国成立时美国朝野上下掀起“谁丢了中国”的讨论，围绕这一主题，美国内部不同派别相互指责、彼此攻讦。“谁丢了中国”这个话题本身就深刻凸显着西方“普世”文化的傲慢和偏见，凸显着西方人对中国的误读。

新中国成立以来，尤其是改革开放以来，面对中国社会日新月异的发展成就，西方文化同样面临“解释困难”的尴尬。多少西方的学者和政客，运用西方的经济理论、政治思想、社会文化来审视中国经济、政治、社会发展时，提出过“中国崩溃”论、“中国威胁”论等荒谬见解。但事实证明，西方人的种种预测多为曲解。新世纪初期，美国《中国经济》季刊的主编斯塔德维尔，就在其《中国梦》一书中将中国经济煞有介事地描绘成“一座建立在沙滩上的大厦”，并振振有词地预言中国将出现大规模的经济危机。然而，令他没想到的是，多年之后的今天，在国际金融危机持久而深刻的影响下，西方国家经济持续低迷，而中国却仍然一枝独秀；在以美国为首的西方国家开启逆全球化浪潮的背景下，中国的“一带一路”倡议却擎起推动世界人民共同发展的大旗。

由此可见，植根于西方经济社会实践基础上的西方理论、西方思想、西方文化，根本不能透彻解释中国社会的种种现象，不能有效满足中国社会的实际需求，更不能真正引领中国社会和中国文化的发展进步。当代中国文化建设的必由路径，是中国特色社会主义文化发展道路。我们必须始终坚持这一道路，不走老路、也不走邪路，博采众长，推动当代中国文化和中华文明的创新发展。

三、坚持以人民为中心的立场

中国共产党一切工作的出发点和落脚点就是实现好、维护好、发展好广大人民群众的根本利益。新时代的中国特色社会主义文化建设也要坚持以人民为中心的根本立场，在广大人民的生动实践中扎下深厚根基，在满足人民的精神需求中伸展出繁茂枝叶。

文化建设坚持为人民服务，是中国共产党人一直以来的鲜明立场。毛泽东在延安文艺座谈会上深刻揭示了无产阶级文化的人民性，反复强调无产阶级的文艺是“为人民大众的”[①]，是为人民服务的。这篇讲话同时还强调了文艺的政治性，并基于时代需要，突出强调文艺服务于新民主主义革命的主体力量即工人、农民和武装起来的人民军队这一时代特征。十一届三中全会后，我们党对社会主义文化发展方向的认识更加清晰。在 1979 年 10 月召开的中国文学艺术工作者第四次代表大会上，邓小平系统剖析了社会主义文艺的人民性，强调了文艺为人民服务、为社会主义服务的发展方向。他说：“我们的文艺属于人民。”“我们的文艺，应当在描写和培养社会主义新人方面付出更大的努力……要通过这些新人的形象，来激发广大群众的社会主义积极性，推动他们从事四个现代化建设的历史性创造活动。”[②]1980 年 7 月，《人民日报》发表《文艺为人民服务，为社会主义服务》社论。“二为”方向阐明了社会主义文化的基本性质，为新时期中国特色社会主义文化的繁荣发展指明了根本方向。

① 毛泽东. 毛泽东选集：第 3 卷. 2 版. 北京：人民出版社，1991：863.
② 邓小平. 邓小平文选：第 2 卷. 2 版. 北京：人民出版社，1994：209-210.

党的十八大以来，习近平总书记反复强调文化建设坚持以人民为中心的思想。在文艺工作座谈会上，习近平总书记特别提出要“坚持以人民为中心的创作导向”。他说：“以人民为中心，就是要把满足人民精神文化需求作为文艺和文艺工作的出发点和落脚点，把人民作为文艺表现的主体，把人民作为文艺审美的鉴赏家和评判者，把为人民服务作为文艺工作者的天职。”① 文艺工作如此，哲学社会科学工作亦当如此。2016 年 5 月，习近平总书记在哲学社会科学工作座谈会上明确提出哲学社会科学研究的根本性、原则性问题，即“为什么人的问题”。习近平总书记语重心长地强调：“我国广大哲学社会科学工作者要坚持人民是历史创造者的观点，树立为人民做学问的理想，尊重人民主体地位，聚焦人民实践创造，自觉把个人学术追求同国家和民族发展紧紧联系在一起，努力多出经得起实践、人民、历史检验的研究成果。”② 习近平总书记相关重要论述，是对我们党一贯坚持的文化建设原则的继承和发展，是新时代中国特色社会主义文化建设的根本遵循。

文化建设坚持以人民为中心，就是要瞄准人民的精神文化需求，努力推出一系列高质量的文化产品。“人民的需要是文艺存在的根本价值所在。”③ 在经济生活水平日益提升的今天，人们不再仅仅专注于物质需要的满足，而是期待有品位、高质量的文化产品来丰富自己的精神文化生活。曾几何时，中国大陆流行的文化产品，往往是来自港台的小说、歌曲和影视作品，日韩文化的盛行也一度使中华大地充斥着“哈日”“哈韩”现象，而包括梦工厂的大片、迪士尼的动漫在内的好莱坞电影更是长期雄霸中国影屏。近年来，随着经济、科技等硬实力的增强，中国的文化软实力也随之增强，加之文化产品创作水平的稳步提高，我们的高质量文化产品不断涌现，在满足中国人

① 习近平. 在文艺工作座谈会上的讲话. 人民日报，2015-10-15.

②③ 习近平. 在哲学社会科学工作座谈会上的讲话. 人民日报，2016-05-19.

民精神需求的同时，在东亚乃至世界范围也都产生了不小的反响。但是，我们仍需看到的是，与我们日益增长的文化生活需求相比，我们的文化生产的不平衡、不充分现状仍然存在。瞄准人民群众的精神文化需求，推出量多质优的文化产品，是当前我国文化建设的重要任务。

科幻片过去一直是中国电影的短板，《流浪地球》的出现意味着我国科幻影片创作向前迈出了重要一步。在影片中，当地球面临灭顶之灾时，人类选择带着地球踏上新征途，这显示了对传统“家园意识”和“家国情怀”的坚守，而截然不同于好莱坞科幻片的叙事模式。《流浪地球》的巨大成功，启示我们应进一步坚持以人民为中心，努力挖掘中国文化内核，提供切合观众需求的高质量文艺作品。图为《流浪地球》电影海报。

文化建设坚持以人民为中心，就是要在文化产品创作中扎根人民、描绘人民、讴歌人民。习近平总书记曾以非常形象的语言说：“人民是文艺创作的源头活水，一旦离开人民，文艺就会变成无根的浮萍、无病的呻吟、无魂的躯壳。”① 为何说人民是文艺创作的源头活水？马克思主义的群众史观认为，人民群众是历史的创造者，不仅是社会物质财富的创造者，而且是社会精神财富的创造者。因此，只有牢牢地扎根人民，只有充分尊重人民群众的主体地位，才能真正推动文化的发展和进步。习近平总书记关于“我国哲学社会科学为谁著书、为谁立说，是为少数人服务还是为绝大多数人服务”② 的追问，适合于包括哲学社会科学在内的整个文化建设领域，是我国文化工作者必须严肃思考和解答的一个根本问题。古今中外的文化作品，都喜欢描绘英雄、讴歌英雄。但是，与中国古代的文学经典《三国演义》《水浒传》及好莱坞的流行大片《钢铁侠》《美国队长》等描绘和讴歌的个人

① 习近平. 在文艺工作座谈会上的讲话. 人民日报，2015-10-15.
② 习近平. 在哲学社会科学工作座谈会上的讲话. 人民日报，2016-05-19.

2014 年 10 月 15 日，习近平总书记主持召开文艺工作座谈会并作重要讲话，深刻阐述了文艺和文艺工作的地位、作用和重大使命："当高楼大厦在我国大地上遍地林立时，中华民族精神的大厦也应该巍然耸立。我国作家艺术家应该成为时代风气的先觉者、先行者、先倡者，通过更多有筋骨、有道德、有温度的文艺作品，书写和记录人民的伟大实践、时代的进步要求，彰显信仰之美、崇高之美，弘扬中国精神、凝聚中国力量，鼓舞全国各族人民朝气蓬勃迈向未来。"

英雄主义不同，我国的社会主义文化，把人民当作英雄，描绘和讴歌的是平凡而伟大的人民英雄。近年来的大热剧作《平凡的世界》，描绘的即是普通人对幸福生活的憧憬和为追求幸福生活而不懈奋斗的故事。平凡人物的奋斗故事为何能够如此打动亿万国人的心？描绘平凡人物的作品为何可以在如潮的好评中获奖无数，取得影视创作的巨大成功？因为它们是真正扎根人民、如实反映人民、热情讴歌人民的优秀文化作品，能够使人感受到心灵的温暖和奋进的力量。这就是我们始终强调文化建设坚持以人民为中心、坚持为人民服务的根本原因。

四、坚持党对文化建设的领导

中国共产党是中国特色社会主义事业的领导核心，处在总揽全局、协调各方的地位。中国特色社会主义文化建设，作为中国特色社会主义"五位一体"总体布局的重要组成部分，必须始终坚持党的领导。那么，中国共产党何以能够领导文化建设和文化发展呢？

习近平：《一个国家、一个民族不能没有灵魂》

一方面，中国共产党始终具有开展文化建设的自觉意识。中国共产党本身就是在五四运动的洗礼中诞生并登上中国历史舞台的。正如习近平总书记在纪念五四运动 100 周年大会上深刻指出的，五四运动是一场传播新思想新文化新知识的伟大思想启蒙运动和新文化运动，为中国共产党成立做了思想上干部上的准备。1920 年前后，以马克思主义为代表的新思想、新文化在中华大地风云激荡。毛泽东在发表于 1919 年 7 月的《〈湘江评论〉创刊宣言》中激情澎湃地写道：“时机到了！世界的大潮卷得更急了！洞庭湖的闸门动了，且开了！浩浩荡荡的新思潮业已奔腾澎湃于湘江两岸了！”①奔腾澎湃于湘江两岸的“新思潮”是什么？就是中国的马克思主义者在十月革命后传播、呼吁的“世界革命”“人类解放”“民众联合”等社会主义主张。毛泽东在这篇宣言中对此热情讴歌，显示了建党前后早期中国共产党人的文化自觉和文化担当。

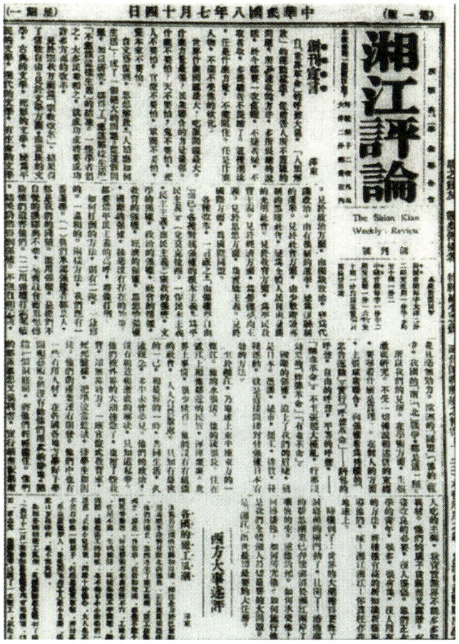
中華民國八年七月十四日

湘江評論

The Siang Kiang Weekly Review

創刊宣言

西方大事述評

1918 年 4 月 14 日，毛泽东、蔡和森成立了以“改造中国与世界”为宗旨的新民学会。五四运动爆发时，毛泽东作为湖南学生运动的主要领导人活跃在长沙。1919 年 7 月 14 日，五四运动如火如荼之际，毛泽东为新民学会创办了《湘江评论》，并亲自担任编辑和主笔。《湘江评论》锋芒犀利，或针砭时弊，或讴歌革命，或歌颂自由，充分表达了追求民族解放、世界进步的远大理想，影响力辐射至江南各省以至于全国。图为《湘江评论》创刊号第一版。

中国共产党成立之后，在其近百年的奋斗历程中，始终重视文化在党的建设中的重要作用，重视文化在革命战争中的重要作用，重视文化在国家建设和发展中的重要作用。这是中国共产党人具有高度文化自觉意识的深刻体现。比如，在改革开放决

① 中共中央文献研究室. 十八大以来重要文献选编：上. 北京：人民出版社，2014：688.

> “百花齐放、百家争鸣”的方针由毛泽东在1956年正式提出。“文化大革命”期间，“双百”方针没有得到有效贯彻。1978年3月，邓小平在《在全国科学大会开幕式上的讲话》中再次明确提出：“对于学术上的不同意见，必须坚持百家争鸣的方针，展开自由的讨论。”1979年10月，邓小平特地引用列宁的一段话，即在文学事业中，“绝对必须保证有个人创造性和个人爱好的广阔天地，有思想和幻想、形式和内容的广阔天地”，以此重申在文艺工作中要秉持“百花齐放、推陈出新、洋为中用、古为今用的方针，在艺术创作上提倡不同形式和风格的自由发展，在艺术理论上提倡不同观点和学派的自由讨论”。以邓小平为主要代表的中国共产党人及时在文艺领域拨乱反正，推动了文艺事业在20世纪80年代以来的兴盛繁荣。

策提出前后，以邓小平为主要代表的中国共产党人谋划、布局中国社会的建设和发展时所选取的一个重要突破口，就是思想文化的建设。1977年刚刚复出的邓小平主动要求分管科学和教育工作，以思想文化领域为切入点，顶层谋划部署一系列重大安排、战略举措，力挽文化潮澜。这些举措包括领导开展“真理标准问题大讨论”以重塑党的实事求是思想路线，包括指明文化建设为人民服务、为社会主义服务的“二为”方向，包括强调文化繁荣的“双百”“两用”方针（百花齐放、百家争鸣和古为今用、洋为中用），包括提出文化发展应当坚持的四项基本原则，等等。可以说，这些有力举措极大促进了人们思想观念的解放，为成功扭转党和国家的发展方向、开启改革开放和社会主义现代化建设新征程，提供了强大精神动力和坚定思想保证，体现了改革开放初期中国共产党人的文化自觉与文化自信。

党的十八大以来，我们党的文化自觉意识进一步增强。其重要表现，就是党对文化建设地位作用的认识有了更进一步的深化和发展。以习近平同志为核心的党中央突出强调文化和文化建设在中国特色社会主义事业全局中的关键地位、战略作用。他说：“体现一个国家综合实力最核心的、最高层的，还是文化软实力，这事关一个民族精气神的凝聚。”[①] 党的十九大报告对中国特色社会主义文化建设再次做出系列战略部署，紧扣时代特征、呼应时代关切、彰显时代使命，着力推动社会主义文化的新发展。

另一方面，中国共产党始终代表中国先进文化的前进方向。文化是一个国家、一个民族的灵魂，是激励人们团结奋进的精神动力。无论是在革命年代，还是在建设与改革时期，中国共产党人的文化主张，始终能够把中华民族紧密地团结起来，把亿万民众的精神力量凝聚起来，引领中国人民跨过一道道坎，引领中国社会不断进步和发展。这本身就体现着中国共产党人文化主张的先进性和引领力。此外，仅就文化发展本身而言，中国共产党人在过去提出的新民主主义文化发展方向，在今天坚持的中国特色社会主义文化建设道路，都在不同的历史时期代表着中华文化发展的正确方向，代表着中华文明复兴的必由之路。正是基于这一原因，我们在前面才强调要坚持中国特色社会主义文化发展道路。这也从根本上反映了提出这一道路的中国共产党，始终立足中国文化发展的前沿和潮头，始终代表着中国先进文化的前进方向。

当今世界各国之间的交通往来越来越密切，如何统筹国内国际两个大局成为我们在文化建设实践中应当考量的重要议题。在这一问题上，中国共产党人同样有着清晰的规划和科学的主张，同样引领着中国和世界文化交流交往的前进方向。早在 1901 年，梁启超就于《中国史绪论》一文中，把数千年的中华文明史划分为三个历史时期，这就是先秦的“中国之中国”时期、秦汉至清中叶的“亚洲之中国”时期、清中叶以来中西交往日益扩大背景下的“世界之中国”时期。这一划分显示着梁启超的深刻洞见。可是，以什么样的文化主张来解决“世界之中国”的延续和发展问

① “改革的集结号已经吹响”：习近平总书记同人大代表、政协委员共商国是纪实. 人民日报，2014-03-13.

题？如何在激烈的国际竞争和较量中赢得中华民族的生存地位和发展权利？百余年之后的今天，2019 年 5 月的亚洲文明对话大会上，习近平总书记代表中国共产党人，代表中华民族给出了科学的指引和解答。在这次大会上，习近平总书记强调："今日之中国，不仅是中国之中国，而且是亚洲之中国、世界之中国。未来之中国，必将以更加开放的姿态拥抱世界、以更有活力的文明成就贡献世界。"① 习近平总书记的讲话充满了强烈的自信心态和担当精神。

中国共产党这种自信和担当的底气究竟是什么呢？这种底气，就是面对世界多极化、经济全球化、文化多样化、社会信息化深入发展的当代现实，中国共产党人始终秉持互相尊重、平等相待的态度，始终高扬美人之美、美美与共的理念，始终坚持开放包容、互学互鉴的精神，始终追求与时俱进、创新发展的目标。中国共产党人的这种"文明和谐"论，契合当今世界和平发展合作共赢的时代主题，契合世界各国人民的共同愿望，代表着中国与世界文化发展、文明进步的方向。

总之，作为一个有着高度文化自觉意识和高度文化自信的政党，中国共产党始终代表中国先进文化的前进方向，其文化主张代表 21 世纪人类不同文明相互合作、共同发展的方向，是新时代中国特色社会主义文化建设事业的坚强领导力量。

① 习近平. 深化文明交流互鉴　共建亚洲命运共同体：在亚洲文明对话大会开幕式上的主旨演讲. 人民日报，2019-05-16.

结语 EPILOGUE

为文化自信注入青春的力量

经过数代国人的不懈奋斗，中国特色社会主义道路、理论、制度、文化不断发展，中国特色社会主义进入新时代。时代属意青春，未来属于青年。当代中国青年应以高度的文化自觉和文化自信，积极把握历史机遇，主动担当时代使命，为中华文化与中华民族的伟大复兴奉献青春的力量。

新时代的青年要自觉肩负文明复兴梦想。当前中国处于近代以来最好的发展时期，今天的中华民族已经站在了实现文明复兴的历史关节点。今天的中国青年，到本世纪中叶我国建设成为社会主义现代化强国时正值人生的壮年时期。因此，当代青年不仅是实现“两个一百年”奋斗目标的亲历者和见证人，更是实现中华民族伟大复兴中国梦的直接参与者和积极贡献者。身处这一千载难逢的伟大历史时期，新时代的青年要积极把握建功立业的宝贵机遇，自觉肩负文明复兴的梦想和使命，在党的领导下激昂青春，锐意进取，勇做走在时代前列的奋进者、开拓者、奉献者。

新时代的青年要积极传承中华文化血脉。五千年的中华民族风雨兼程，五千年的中华文化薪火相传。不忘初心，方得始终。不论时代如何变迁，当代青年应始终牢记我们的初心和来路，应始终以高度的自觉和自信传承中华优秀传统文化血脉和红色文化基因。

文化的传承在于以传统的文化精华涵养性情、改变气质，在树立和坚持正确的历史观、民族观、国家观、文化观基础上，增强做中国人的骨气和底气。新时代的青年传承文化血脉，要学会与诸子百家的先哲互动，与三教九流的思想交流，与经史子集的经典对话；要在近代以来革命历史和革命文化的学习中，涵泳于先辈们崇高的革命理想、坚毅的革命精神、忘我的革命道德、昂扬的革命情操；同时，还要科学掌握传承优秀传统文化的正确方法，在当下中国实践的基础上，以马克思主义为指导，积极推动优秀传统文化的创造性转化和创新性发展。

新时代的青年要拥有宽广的文明胸怀。今日世界是一个“你中有我、我中有你”的人类命运共同体，今日中国是一个日益走近世界舞台中央的全面对外开放之国。当代中国青年不仅要具有历史的纵深视野，还要具有宽广的胸怀，自尊自信、开放包容。自尊自信，就是要在世界文明的交流交融中坚守中华文化立场，保持中华民族精神独立性。开放包容，就是要在人类文明的百花园中做到美人之美，积极学习借鉴人类文明的一切优秀成果。同时，新时代的青年还要能够积极主动地对外展示、宣传中华文化的时代价值和世界意义，积极推动中华文化的国际传播，为人类文明的发展进步贡献中国智慧和中国方案。

新时代的青年要培育文化创新本领。文化从来不是一成不变的。文明永续发展，既需要薪火相传、代代守护，更需要顺时应势、推陈出新。立足于不断变化和发展着的社会现实，不断创造和革新反映这一现实的社会文化，是文化自信的题中应有之义。青年是整个社会中最积极、最有生气的力量。古往今来，青年都是推动文化发展和历史变革的生力军。在我们党领导人民进行革命、建设、改革的伟大历史进程中，敢于在创新道路上勇猛精进的青年辈出。中共一大召开时毛泽东是 28 岁，周恩来参加中国共产党时是 23 岁，邓小平参加旅欧中国少年共产党时是 18 岁。今天，航天报国的嫦娥团队、神舟团队平均年龄是 33 岁，北斗团队平均年龄是 35 岁。他们都是创造历史的青年英杰。新时代的青年要以之为榜样，以朝气蓬勃的风貌勇立时代文化发展的潮头，以马克思主义的科学理论武装自己的头脑，自觉弘扬践行社会主义核心价值观，学习掌握社会主义先进文化。同时还要善于捕捉时代变化的脉动，敢于打破陈规，勇于创新创造，努力推动中华文化的革新与发展。

任何一项伟业的造就，都离不开人们锲而不舍的坚守和奋斗。中华民族之所以能够缔造出辉煌灿烂的文明历史，就是因为具有伟大的奋斗精神。以高度的文化自信铸就中华文化的新辉煌，尤其需要我们发扬自强不息的奋斗精神。成长于和平年代和优越环境中的新时代青年，尤其要自觉磨炼艰苦奋斗的品质和意志。奋斗是青春最亮丽的底色，奋斗的青春最美丽。新时代的青年要在历史坐标中定位自己的目标，认清自我的使命，不消极、不等待，在奋斗与搏击中积累知识、增长才干、锻造本领、提升素养，从而为中华文化的发展、为中华文明的进步做出自己的应有贡献！

后记 POSTSCRIPT

强调坚定中国特色社会主义道路自信、理论自信、制度自信、文化自信，是习近平新时代中国特色社会主义思想的重要内容。在“四个自信”中，文化自信是更基础、更广泛、更深厚的自信，是更基本、更深沉、更持久的力量。党的十九大报告深刻指出，没有高度的文化自信，没有文化的繁荣兴盛，就没有中华民族伟大复兴。对当代中国文化自信建设的理论与实践问题进行深入系统的研究，是推进中国特色社会主义文化繁荣发展、建设社会主义文化强国的要求，也是理论工作者的责任。

呈现在读者面前的这本《文化何以自信》，在教育部党组领导下，由教育部社会科学司组织编写，是经国家教材委员会专家委员会审核通过的高校思想政治理论课教学辅助读物。本书由沈壮海主持编写。参与写作的有刘水静、佟斐、樊雪峥等，王翔、朱洁仪、魏薇等参与了辅文设计工作。

多位领导和专家认真审读书稿，提出了非常宝贵的修改完善意见。中国人民大学出版社对本书的出版给予了鼎力支持。在研究过程中，学界同人的诸多真知灼见也给了我们丰富的滋养和启迪。在此一并致以真诚的感谢！

由于水平所限，书中错谬之处在所难免，敬请读者朋友批评指正。

沈壮海

初稿于 2019 年 11 月

定稿于 2020 年 12 月

图书在版编目（CIP）数据

文化何以自信 / 沈壮海等著．-- 北京 ：中国人民大学出版社，2020.12

（“读懂新时代”丛书）

ISBN 978-7-300-27493-5

Ⅰ．①文… Ⅱ．①沈… Ⅲ．①中国特色社会主义－文化事业－研究 Ⅳ．① G12

中国版本图书馆 CIP 数据核字（2019）第 216450 号

“读懂新时代”丛书

教育部组织编写

文化何以自信

沈壮海　等◎著

Wenhua Heyi Zixin

出版发行	中国人民大学出版社		
社　　址	北京中关村大街 31 号	**邮政编码**	100080
电　　话	010–62511242（总编室）		010–62511770（质管部）
	010–82501766（邮购部）		010–62514148（门市部）
	010–62515195（发行公司）		010–62515275（盗版举报）
网　　址	http://www.crup.com.cn		
经　　销	新华书店		
印　　刷	北京瑞禾彩色印刷有限公司		
开　　本	720 mm × 1000 mm　1/16	**版　　次**	2020 年 12 月第 1 版
印　　张	10 插页 1	**印　　次**	2024 年 9 月第 8 次印刷
字　　数	108 000	**定　　价**	56.00 元